BONNET
BORDEAUX
CHATEAU
MIS EN BOUTEILLE

Philippe Faure-Brac
Meilleur Sommelier du Monde

Bordeaux
le Choix du Sommelier

Avec la collaboration de Anne Vantal

Photographies
Jacques Boulay

EPA

Sommaire

Table des appellations

Limite de département
1 Médoc
2 Saint-estèphe
3 Pauillac
4 Saint-julien
5 Moulis
6 Listrac
7 Margaux
8 Haut-médoc
9 Pessac-léognan
10 Graves et Graves supérieures
11 Cérons
12 Barsac
13 Sauternes
14 Côtes et Premières côtes de blaye
15 Côtes de bourg
16 Fronsac
17 Canon-fronsac
18 Pomerol
19 Lalande de pomerol
20 Saint-émilion et Saint-émilion grand cru
21 Montagne saint-émilion
22 Saint-georges saint-émilion
23 Lussac saint-émilion
24 Puisseguin saint-émilion
25 Bordeaux côtes de francs
26 Côtes de castillon
27 Entre-deux-mers
28 Graves-de-vayres
29 Premières côtes de bordeaux
30 Cadillac
31 Bordeaux haut-benauge et Entre-deux-mers haut-benauge
32 Côtes de bordeaux saint-macaire
33 Sainte-foy bordeaux
34 Loupiac
35 Sainte-croix-du-mont
OCÉAN ATLANTIQUE
Gironde
Lesparre-Médoc
Blaye
Bourg
BLAYAIS-BOURGEAIS
MÉDOC
Blanquefort
Jalle
Dordogne
Libourne
Saint-Émilion
LIBOURNAIS
Sainte-Foy-la-Grande
Dronne
Isle
Bordeaux
GRAVES
Garonne
Cadillac
Saint-Macaire
Langon
Ciron
Lot
ENTRE-DEUX-MERS
Limite de la région de production des vins de Bordeaux
Les Bordeaux, Bordeaux supérieur et Crémant de Bordeaux sont produits dans l'aire d'appellation bordeaux

Quelles différences séparent un médoc d'un graves ? Les appellations les plus prestigieuses du Bordelais méritent-elles leur notoriété ? Quels mets accompagnent le mieux un entre-deux-mers ? Quel plateau de fromages convient à un grand bordeaux ? À quelle température doit-on servir un pauillac ? Et un saint-émilion ? Sous quelle étiquette tel château commercialise-t-il son second vin ? Combien de temps peut-on garder un sauternes dans sa cave ? Et surtout, comment faire son choix parmi les dizaines d'appellations et les centaines de domaines ?

Telles sont les questions, parmi d'autres, que l'on me pose régulièrement. Et à questions multiples, réponses nuancées : le plus souvent, je dois, en toute honnêteté, répondre à mon interlocuteur que... tout dépend. Car rien ne serait plus faux que d'affirmer péremptoirement que oui, le millésime 1996 a été excellent pour tous les vins de Bordeaux, ou que, bien entendu, une petite appellation ne peut jamais rivaliser avec une autre plus connue.

Réputé dans le monde entier, le vignoble bordelais est inséparable de l'histoire de l'Aquitaine. Exploité depuis le premier siècle après Jésus-Christ, il assure richesse et célébrité à cette région depuis le Moyen Âge. Répartie sur cent quinze mille hectares, la production actuelle représente plus de six millions d'hectolitres que se partagent quarante-trois appellations (cinquante-sept, si on les décline dans les différentes couleurs). On comprend alors que la dimension de cette région et la diversité de ses vins puissent dérouter l'amateur.

Il est simple de se repérer parmi les grands crus bordelais : de multiples « classements officiels » les consacrent régulièrement, depuis le XVIIIe siècle, dont le plus fameux est sans doute celui de 1855, qui établit une hiérarchie parmi les vins du Médoc et quelques autres dans la région des graves ou du Sauternais. Aujourd'hui, ce classement tient toujours lieu de référence. Sans vouloir remettre en cause cette classification, il me paraît trop restrictif de ne s'en tenir qu'à elle. Il existe, en Gironde, beaucoup de « petites » appellations qui méritent mieux qu'on ne le croit. Dans chacune d'entre elles, des vignerons amoureux de leur terroir et de leur métier tirent de leur sol le meilleur parti possible. Il n'est pas question bien sûr de comparer leurs vins aux premiers. Mais pourquoi bouder son plaisir ? Mieux vaut un vin plus modeste parfaitement réussi et servi au bon moment qu'un grand cru de petite année qu'on a le tort de boire trop jeune ou... trop vieux !

Saint-Émilion est le centre de l'un des plus célèbres vignobles du monde.

Page de gauche : *L'estuaire de la Gironde vu de Pauillac.*

Double page suivante : *Fleuves mais aussi étangs, l'eau est omniprésente dans le Bordelais. Ici, à Lavagnac.*

Afin de rendre compte de la diversité des vins du Bordelais, j'ai d'abord résolu de traiter avec équité toutes les appellations, quelle que soit leur notoriété. Plutôt que de regrouper les vins par secteurs géographiques et donc par familles, j'ai préféré opter pour une présentation alphabétique, plus objective et surtout plus claire pour qui ne connaît pas la région. Le hasard des lettres de l'alphabet m'a donc imposé de commencer par le barsac et de terminer par le sauternes – deux vins qui, par leur style et la localisation des vignobles, sont en réalité extrêmement proches, souvent même confondus ! Je n'ai fait que deux exceptions à cette règle : l'une pour les « satellites » de saint-émilion (lussac saint-émilion, montagne saint-émilion, puisseguin saint-émilion et saint-georges saint-émilion) qui revendiquent leur identité de saint-émilion, tout en conservant chacune des nuances de caractère assez marquées. L'autre regroupement que j'ai opéré concerne l'entre-deux-mers, l'entre-deux-mers haut-benauge et le bordeaux haut-benauge, compte tenu d'abord de la confidentialité de la production de cette dernière appellation et ensuite de son extrême similitude avec celle des deux premières.

Pour chacune des appellations, une petite carte et quelques lignes de présentation permettent de situer géographiquement le vignoble et de connaître le genre de vins

produits : rouges ou blancs (souvent les deux), abordables ou très chers, réputés ou méconnus, faciles à trouver ou non, à boire rapidement ou à conserver une dizaine d'années – ou davantage – dans sa cave (voir pages 238 et 239 le tableau récapitulatif des temps de garde des vins bordelais).

Des renseignements « techniques » sur la composition des sols, les cépages utilisés, éléments indispensables à la compréhension d'un vin, ainsi que les meilleurs millésimes depuis une quinzaine d'années complètent ce descriptif.

Pour chaque appellation, j'ai choisi un château (exceptionnellement deux) qui me paraît exemplaire, soit pour la qualité des vins qui y sont élaborés, soit pour les efforts mis en œuvre sans relâche depuis des années pour aller toujours dans le sens du meilleur. J'ai complété ce choix par une liste de quelques autres châteaux qui peuvent constituer une alternative intéressante.

Cependant la vraie question n'est jamais de savoir quelle bouteille entreposer dans sa cave, mais quand l'en faire sortir, à quelle occasion ! S'agit-il d'une cérémonie familiale ou d'un dîner entre amis, d'un repas d'affaires ou d'un buffet servi au jardin ? Certains vins, coûteux et rares, appellent la présence de mets recherchés ; d'autres, plus abordables ou plus faciles à boire, préfèrent la compagnie de plats rustiques. Trouver le « mariage heureux » entre le vin et l'assiette n'est ni un exercice facile, ni une science exacte. C'est pourtant un plaisir, auquel je me suis livré au fil des pages en suggérant, proposant et en donnant çà et là quelques recettes.

Plus qu'un guide des meilleurs domaines de la première région viticole française, ce *Choix du Sommelier*, fruit de mon expérience, est ma propre histoire avec ce vignoble.

Il a pour ambition de faire partager mes convictions, mes découvertes, mes passions, mes coups de cœur et de permettre ainsi au lecteur d'établir son propre choix.

PRODUIT DE FRANCE
EN 1855
NAIRAC
BARSAC CONTRÔLÉE
1996
EXPLOITANTE - TARI-HEETER PROPRIETAIRES A BARSAC GIRONDE
BOUTEILLES AU CHATEAU

BARSAC

Liquoreux

Château Nairac
Château Broustet
Château Caillou
Château Climens
Château Coutet
Château Doisy-Védrines
Château Doisy-Daëne
Château Myrat

AOC depuis septembre 1936
Superficie : 601 ha
Sols : graves sur sous-sol marno-calcaire
Encépagement : sémillon, sauvignon, muscadelle
Rendement maximum autorisé : 25 hl/ha
Température de dégustation : 8-9 °C pour un vin jeune ; 10-12 °C pour un barsac plus vieux

1997
1990
1989
1976
1975

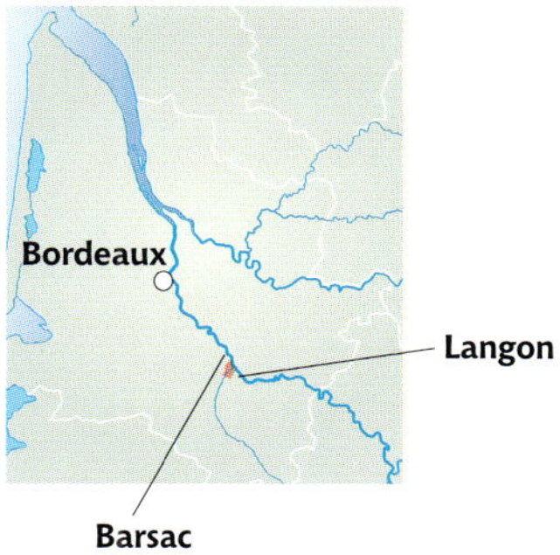

Deux appellations souvent confondues, sauternes et barsac, se côtoient sur les vallons du Sauternais, sur la rive gauche de la Garonne, aux alentours de Langon. Exclusivement issus de vignes plantées sur le territoire de la commune du même nom, les vins de Barsac sont tous des sauternes, alors que la réciproque n'est pas vraie. Comme leurs célèbres voisins, les barsac sont des vins blancs liquoreux de très grande classe, avec toutefois une touche de fraîcheur qui les distingue des sauternes. Riches et rares, parfois difficiles à marier, ils sont à réserver aux fêtes de famille et aux repas raffinés.

J'aime l'équilibre des vins de Barsac, qui savent conjuguer la douceur des sauternes, la minéralité de leur terroir et cette pointe d'acidité qui leur donne tant de fraîcheur. Comme pour tous les sauternes, les conditions climatiques de la deuxième moitié du mois de septembre président à la destinée de ces grands liquoreux : l'humidité des brumes matinales et la chaleur du soleil de la journée leur sont indispensables pour que se développe la fameuse « pourriture noble ». Les éléments nécessaires sont loin, on s'en doute, d'être réunis tous les ans. Encore faut-il, lorsque la nature se révèle favorable, que le travail du vinificateur se montre à la hauteur. On sait combien la région a souffert, pendant plusieurs années, de la désaffection du grand public. Heureusement, les gros efforts consentis par certains châteaux pour faire reconnaître la qualité de leur travail

À Nairac, Nicolas Heeter-Tari dans les vignes qui s'avancent presque jusqu'au château. Le parc et la demeure ont été dessinés par l'architecte Mollié en 1776.

ont donné un second souffle à l'ensemble de l'appellation. Aussi le barsac peut-il toujours être considéré comme une fête, une sorte de miracle dont l'amateur doit apprendre à profiter.

Rigueur et sélection président aux destinées de Château Nairac

Dès 1855, date du classement des grands bordeaux, les barsac ont paru dignes de figurer sur la prestigieuse liste. Aujourd'hui, dix châteaux de barsac sont des crus classés : deux, Château Coutet et Château Climens, sont des premiers crus ; huit, des seconds crus. Parmi ces derniers, se compte le Château Nairac, une belle demeure classique édifiée à la fin du XVIIIe siècle à l'entrée du village de Barsac, aujourd'hui ouverte à la visite du public. L'exploitation, entièrement en appellation barsac, possède seize hectares de vignes, dont 90 % de cépage sémillon – « le » cépage des liquoreux. Longtemps considéré comme l'un des grands de son appellation, le vin de Nairac avait vu un temps sa réputation en danger. Le mal est maintenant réparé, grâce au travail de sa propriétaire, Mme Nicole Tari, de son mari Tom Heeter et de leur fils Nicolas, aujourd'hui responsable de l'exploitation. Dans ce domaine exemplaire, qui a remarquablement progressé en quelques années, les mots d'ordre sont « sélection » et « rigueur ». Que les conditions climatiques ne soient pas optimales et le château ne produit rien cette année-là. Que les grains ne paraissent pas parfaits et ils ne sont pas vendangés : à Nairac, la sévérité est de mise autant que chez des voisins plus cotés. Alors qu'en barsac il est théoriquement autorisé de produire 25 hl/ha, il n'est pas rare que les rendements de Château Nairac ne dépassent pas 7 hl/ha ! Les résultats n'ont pas tardé : si Nairac ne peut prétendre à la richesse d'un Climens, il offre un vin magnifique, équilibré, qui a beaucoup gagné en complexité.

J'ai goûté récemment un millésime 1995 à la couleur dense, dorée, embellie de reflets acajou, et d'une viscosité parfaite. Le nez, très aromatique, est marqué par la concentration des parfums d'agrumes et de raisins confits, auxquels s'ajoutent les touches fumées et toastées dues à trois années d'élevage en barriques. Au palais, le vin présente une très belle ampleur et une texture veloutée. Plus nerveux qu'un sauternes, ce barsac associe minéralité et saveurs de fruits exotiques, d'amandes grillées et d'abricots secs. Malgré la présence de sucre, il rappelle le zeste délicieusement brûlé d'une orange et n'est, de ce fait, jamais écœurant.

Lorsqu'on sert un barsac au cours d'un repas, rien n'interdit de se montrer fidèle aux traditions régionales, qui aiment accompagner les liquoreux de fromages à pâte persillée – roquefort ou bleu des Causses, par exemple – et surtout de foie gras. Mais le soyeux de la texture, la suavité aérienne, la douceur légèrement acidulée d'un barsac

Les barsac invitent à bousculer les accords gastronomiques conventionnels

réussi m'incitent plutôt à choisir des harmonies moins classiques. Pour ma part, j'aime profiter de la minéralité de ce vin à l'apéritif, sur des feuilletés aux amandes salées ou de petits pains aux olives. Des toasts provençaux de tomate confite arrosée d'un filet d'huile d'olive sur du pain de campagne conviennent aussi très bien : la tomate, comme le barsac, allie la douceur à l'acidité ; l'onctuosité de l'huile d'olive répond au gras généreux du vin, que rehausse la texture craquante d'un peu de fleur de sel. J'apprécie aussi un barsac sur des alliances plus attendues : des poissons fermes, turbot ou saint-pierre, simplement rôtis au jus d'agrumes ; des asperges, en feuilletés ou en sauce douce, mais surtout jamais en vinaigrette ; de la piccata de veau en sauce. Pour un dessert, je préfère éviter les pâtisseries très sucrées, qui ont tendance à affadir le vin. Une île flottante aux agrumes, au contraire, rappellera avec élégance le côté frais et acidulé du barsac.

Le mariage heureux
... avec un barsac :
• Marbré de foie gras aux artichauts en gelée au barsac.

Bordeaux

Bordeaux sec

Château Tour de Mirambeau
Château Lynch-Bages
Caillou blanc de Château Talbot
Château Reynon
Château Timberlay

1998
1997
1996
1995

AOC depuis novembre 1936
Superficie : 9 045 ha
Sols : tous terroirs du Bordelais
Encépagement : sémillon, sauvignon, muscadelle (cépages principaux) ; merlot blanc, colombard, mauzac, ondenc, ugni blanc (cépages accessoires)
Rendement maximum autorisé : 65 hl/ha
Température de dégustation : 8 °C

Bordeaux rosé

Château La Mothe du Barry
Château de Damis
Château Sainte-Marie
Château de Sours

1999
1998

AOC depuis septembre 1951
Superficie : 1 000 ha environ
Sols : tous terroirs du Bordelais
Encépagement : cabernet sauvignon, cabernet franc, merlot, carmenère, malbec, petit verdot
Rendement maximum autorisé : 55 hl/ha
Température de dégustation : 10 °C

Douceur et acidité d'un vin simple et équilibré

Un bordeaux sec s'apprécie jeune, entre un et quatre ans. Il se révèle être un bon compagnon pour certains fruits de mer et il vaut mieux, dans ce cas, réserver son usage au cours des mois en *r*, de septembre à avril. C'est un bon vin d'apéritif, désaltérant et aromatique, dont on peut aussi profiter au début du repas, surtout si celui-ci comporte des fruits de mer ou des huîtres. Des huîtres pas trop grasses, comme les fines de claire, plutôt que des belons, le mettent bien en valeur : ses arômes d'agrumes s'harmonisent alors avec la saveur iodée du coquillage et l'acidité d'un filet de citron.

Si le bordeaux est élaboré à partir d'un assemblage contenant une quantité suffisante de sémillon, on pourra le servir sur de classiques poissons en sauce au vin blanc. Il s'accommode de recettes simples, comme une daurade au four au vin blanc, ou un cabillaud en sauce au beurre blanc.

Il fera bonne figure aussi au moment du fromage, pour peu que le plateau comporte du chèvre – crottin de Chavignol, pyramide de Valençay, sainte-maure – ou des fromages très crémeux comme le chaource ou le brillat-savarin.

Le mariage heureux
... avec un bordeaux rosé : Poivrons déguisés à l'orientale.

Poivrons déguisés à l'orientale, comme à Kouba

Préparation : 20 mn
Cuisson : 40 mn

Pour 6 personnes
6 poivrons rouges moyens de forme régulière
80 g de filets d'anchois à l'huile d'olive
3 cuillerées à soupe de câpres égouttées
8 cuillerées à soupe rases de chapelure
25 g de pignons de pin
4 cuillerées à soupe d'huile d'olive

Laver les poivrons, les essuyer, les fendre en deux dans le sens de la longueur et ôter les graines et les peaux blanches.

Verser une cuillerée à soupe d'huile d'olive au fond d'un plat à four et y disposer les douze demi-poivrons (peau dessous).

Mixer grossièrement les anchois. Mettre la pâte ainsi obtenue dans un saladier, ajouter la chapelure et deux cuillerées à soupe d'huile d'olive. Mélanger soigneusement à la fourchette. Ajouter les câpres.

Répartir cette farce dans les demi-poivrons.

Arroser avec le reste de l'huile d'olive. Parsemer de pignons de pin.

Cuire à four moyen (180 °C, th. 5-6) pendant 40 minutes environ.

Servir cette entrée froide, mais non glacée.

Bordeaux rosé

Lorsque l'on songe à servir un rosé, on a peu coutume de penser à la région de Bordeaux. Certains domaines bordelais se sont pourtant lancés dans cette aventure et produisent aujourd'hui des rosés simples et décontractés, flatteurs et équilibrés. Sans offrir la densité d'un clairet, ces vins présentent toutefois une structure intéressante si on les consomme jeunes (deux à trois ans maximum) et qu'on les fait accompagner, aux beaux jours, des plats ensoleillés qu'ils réclament.

Isabelle et Joël Duffau proposent, aux côtés du bordeaux rouge et de l'entre-deux-mers plus classiques du Château La Mothe du Barry, un bordeaux rosé issu de vignes situées en plaine sur la commune de Moulon, sur un terroir argilo-calcaire. Leur rosé – dont ils produisent neuf mille bouteilles – est un vin de saignée élaboré à partir de merlot et de cabernet sauvignon à parts égales.

Le bordeaux rosé de La Mothe du Barry est un vin fruité, frais et désaltérant, dont les accents ensoleillés se marient à merveille avec ceux des poivrons rouges.

Le millésime 1999, d'un rose saumoné assez soutenu, exhale ses arômes avec exubérance, témoignant ainsi du travail accompli par le vinificateur sur le contrôle des températures de vinification ; le fruit – groseille, framboise, fraise – est très présent, la bouche est fraîche, désaltérante et acidulée, avec beaucoup de franchise et une acidité finale très heureuse.

Un vin qui sait apprécier toutes les salades

Contrairement aux idées reçues, un bordeaux rosé peut se révéler d'utilisation courante, non seulement en apéritif, mais sur l'ensemble d'un repas d'été. Il se comporte agréablement auprès des salades, souvent difficiles à marier : salade de moules ou de filets de rougets au fenouil confit, mais aussi salade de magrets de canard ou salade de légumes méditerranéens. Certains poissons ne se dénaturent pas à ses côtés : un bar grillé au fenouil s'en accommode très bien, de même qu'une brandade de morue. Une salade de suprêmes de volaille marinés au citron confit et aux lamelles d'oignons rouges crée une harmonie très réussie avec la fraîcheur un peu végétale du vin.

Bordeaux clairet

Le clairet, pour s'en tenir à une définition facile, trouve place entre le rosé et le rouge : sa couleur d'un beau rouge franc, assez soutenu, et proche de celle d'un sirop de fruit, est la trace d'une macération qui a dépassé le stade du rosé sans atteindre la concentration d'un rouge. On boit les clairets jeunes, entre un et quatre ans, alors qu'ils conservent un nez de fruit très acidulé et une fraîcheur désaltérante en bouche. Ce sont des vins vifs, légers et nerveux, faits pour un repas familial ou un déjeuner sans prétention.

Installé sur un sommet dominant la rive droite de la Garonne, Château Brethous totalise un peu plus de treize hectares de vignes dans la zone d'appellation des premières

Le mariage heureux

... avec un bordeaux clairet :

- Carpaccio de saumon posé sur de fines tranches de betteraves, salade de mâche relevée d'huile d'olive, d'une pointe de jus de groseilles ou de framboises pressées et d'herbes fraîches (ciboulette, coriandre, cerfeuil) mixées.

Cécile Verdier, l'une des propriétaires de Château Brethous, déguste un vin de la maison qui accompagnera magnifiquement une entrée d'été : saumon, betteraves et salade de mâche par exemple.

GRAND VIN DE BORDEAUX
BORDEAUX CLAIRET
1999
12,5% vol
S.C.E.A. FRANÇOIS VERDIER
MIS EN BOUTEILLE AU CHATEAU
PRODUCE OF FRANCE

À l'âge de cinq ou six ans, le bordeaux rouge arbore une teinte rubis profond. En vieillissant, sa couleur évolue vers le brun et l'orangé.

Page de droite : *Dissimulée derrière les arbres, la belle façade du XVIIe siècle de Château Bonnet.*

Vif, léger, nerveux, un clairet fait merveille avec des entrées

côtes de bordeaux. L'encépagement y est traditionnel, avec une forte proportion de merlot (65 %), mais c'est à partir du cabernet qu'est élaboré le clairet du domaine. Vin de saignée presque sans tannins, le clairet 1999 de Château Brethous est typique d'un vin réussi, franc, vif, avec une petite astringence qui lui donne du relief.

On le réservera aux entrées plutôt qu'à l'apéritif, puisqu'il s'accommode bien des légumes ou des fruits. Il accompagne facilement une tarte à l'oignon, une quiche aux courgettes ou aux poireaux, ou même des feuilletés chauds à la crème de brebis. Pour une entrée froide, on choisira une simple salade de mâche aux lardons et aux croûtons, ou des tomates confites entourées de tranches de mozzarella italienne. Toutes les salades qui associent des dés de jambon à des tranches d'agrumes – pamplemousse ou orange sanguine – conviennent au clairet. On peut aussi tenter l'alliance, plus délicate, avec un saumon mariné.

Bordeaux rouge

Appellation de base de toute la région bordelaise, le bordeaux, surtout dans sa version rouge, représente une surface très importante et répartie sur l'ensemble du département de la Gironde. Nul ne doit donc s'étonner de voir le terme de « bordeaux » recouvrir des réalités de nature fort diverse. Le vin – et c'est vrai partout ! – dépend du terroir, de l'exposition, de l'encépagement, de la maîtrise du vinificateur, de la méthode choisie pour l'élevage. Les bordeaux rouges, autrefois élaborés surtout à partir de cabernets, ont suivi la tendance actuelle vers des vins plus faciles, plus vite prêts et... plus vite bus. De nos jours, les vins de cette appellation sont donc des produits à boire jeunes, généralement au bout de trois ans – même si quelques-uns peuvent être conservés une dizaine d'années. À quelle occasion les boire ? Il est bien difficile de donner, à propos des bordeaux rouges, des indications générales : tout dépend du style. Le vin peut être modeste et très bon marché : il convient alors à un usage presque quotidien. Plus raffiné, il pourra être servi sur un dîner entre amis, et toutes les saisons lui iront bien.

J'ai retenu le bordeaux rouge de Château Bonnet, non pas parce que le domaine fait partie de l'ensemble des vignobles de la famille Lurton – dont certains, prestigieux (Châteaux Couhins-Lurton ou La Louvière en appellation pessac-léognan), n'ont plus

Modeste ou raffiné, le bordeaux rouge s'apprécie tout au long de l'année

besoin d'être présentés. Mais surtout parce que ce bordeaux – issu de merlot et de cabernet plantés sur des croupes argilo-calcaires de l'Entre-deux-Mers, sur la rive opposée à Saint-Émilion – est un excellent vin rouge sans prétention et d'une régularité exemplaire au fil des années. Le millésime 1990, récemment dégusté, m'a paru évolué mais non fané ; l'âge du vin se déchiffre à la robe grenat-orangé parée de reflets bruns et aux arômes tertiaires de sous-bois, de havane, de café et de rôti qui se dégagent au nez. Au palais, le vin est franc, marqué par des tannins bien fondus, et montre un juste équilibre entre astringence et moelleux. En résumé, ce simple bordeaux de dix ans d'âge témoigne d'une belle unité gustative et mérite d'être apprécié maintenant.

C'est avec des terrines de viande ou de volaille qu'un bordeaux rouge trouve les alliances les plus simples. Il se marie également bien avec les brochettes mélangées – agneau, bœuf, dés de poivrons et oignons – pour un barbecue d'été, ou avec une viande grillée, comme une côte de bœuf par exemple. Il est également l'un des vins qui supportent le mieux les pâtes en sauce à l'italienne, comme les cannellonis farcis de sauce bolognaise et recouverts de parmesan. Et d'un point de vue plus général, la puissance et la rusticité de ces bordeaux répondent bien à la tonicité des plats d'origine méditerranéenne.

Tous les légumes méditerranéens se prêtent à la confection de petits farcis qui se marient avec l'équilibre du bordeaux rouge.

Le mariage heureux
... avec un bordeaux rouge :

• Petits farcis de légumes (poivrons, courgettes, oignons, pommes de terre, aubergines) à la viande d'agneau et de bœuf hachée et au riz.

Bordeaux
Côtes de Francs

Blanc

Château Puyanché
Château Les Charmes-Godard

AOC depuis mai 1967
Superficie : 14 ha
Sols : marnes argilo-calcaires
Encépagement : sémillon, sauvignon, muscadelle
Rendement maximum autorisé : 50 hl/ha
Température de dégustation : 8 °C

1999
1998
1996
1995

Rouge

Château Puygueraud
Château Godard-Bellevue
Château Lalande de Tayac

AOC depuis mai 1967
Superficie : 471 ha
Sols : marnes argilo-calcaires
Encépagement : cabernet sauvignon, cabernet franc, merlot, malbec
Rendement maximum autorisé : 50 hl/ha
Température de dégustation : 17 °C

1999
1998
1996
1995
1990

À une dizaine de kilomètres de Saint-Émilion en direction du nord-est, les bordeaux côtes de francs occupent les pentes d'une région de hautes collines autour des villages de Francs, Saint-Cibard et Tayac. Un décret relativement récent (1967) a permis à cette zone de se démarquer des bordeaux proprement dits, moyennant quelques efforts concernant l'encépagement et les rendements. Peu connue, l'appellation reste marginale, alors qu'elle produit des vins – majoritairement rouges – de belle qualité et compte quelques valeurs sûres tout à fait dignes d'ensoleiller un déjeuner ou un dîner bon enfant.

Bordeaux côtes de francs blanc

Le nom de « côtes de francs » remonte au VIe siècle, lorsque Clovis, roi des Francs, établit un camp militaire sur l'une des collines de la région. Longtemps tournés vers la production de vins blancs moelleux, les viticulteurs ont peu à peu abandonné ces produits autrefois très en vogue au profit des vins rouges. De nos jours, la surface dévolue aux cépages blancs est devenue pratiquement inexistante, puisqu'elle totalise quatorze hectares pour toute l'appellation !

Au Château Puyanché, Bernadette et Joseph Arbo continuent, envers et contre tout, à produire des bordeaux côtes de francs blancs, moelleux (trois mille bouteilles les années où les conditions météorologiques le permettent) ou secs (six mille bouteilles annuelles). Le domaine compte près de vingt-deux hectares en production, si l'on intègre les quatre hectares de vignobles blancs et le bordeaux côtes de francs rouge vendu sous les étiquettes de Château Puyanché et de Château Godard-Bellevue.

Une harmonie bien dosée entre minéralité et boisé

Le Château Puyanché blanc sec est issu de sauvignon (50 %), de sémillon (45 %) et de muscadelle (5 %). Comme la plupart des blancs de la région, c'est un vin à boire jeune, entre un et quatre ans, pour en apprécier la fraîcheur. Le millésime 1997 m'a paru un excellent exemple d'équilibre entre les cépages, avec une présence sensible du sémillon qui apporte beaucoup de subtilité aromatique à ce vin au nez suave, confit et marqué par des arômes de pêche et d'abricot. L'harmonie entre minéralité et boisé est également parfaitement dosée : aux tannins du fût de chêne qui embellissent le vin d'une couleur dorée répond en effet la fraîcheur minérale et racée du sauvignon.

D'une manière générale, un bordeaux côtes de francs blanc sec s'associe avec bonheur aux entrées classiques à base de poisson ou de crustacés. Une salade d'avocats et de crevettes lui ira très bien, tout comme une tourte chaude aux fruits de mer. L'alliance peut s'envisager aussi, lorsque le vin est équilibré, avec des mets plus recherchés comme des coquilles Saint-Jacques cuisinées avec un peu de safran et de ciboulette : il faut prendre soin de sauter rapidement les noix de

Page de gauche :
Le vignoble de Puyanché s'étend sur les coteaux qui entourent le village de Francs. Équilibré entre sémillon et sauvignon, le côtes de francs blanc de ce domaine se distingue par ses arômes un peu confits de pêches et d'abricots.

Le mariage heureux
... avec un bordeaux côtes de francs blanc :
• Aspic de crevettes, émincé d'asperges à la tomate confite.

Les suggestions de Château Puyanché :
• Fromage de chèvre chaud.
• Blanquette de veau à l'ancienne.

Ci-contre : *Rondeur et concentration caractérisent le côtes de francs rouge de Château Puygueraud, un vin qui mérite d'être découvert.*

Page de droite : *La cour du Château Puygueraud.*

Saint-Jacques sans trop les cuire, pour conserver leur côté iodé qui sait s'accorder à la vivacité désaltérante du vin. Un plateau de fruits de mer, des tourteaux servis avec une mayonnaise un peu relevée, des langoustines à la fondue d'endives, une petite friture de poissons de rivière ou même des écrevisses à la nage sont autant d'entrées, chaudes ou froides, qui mettront le vin en valeur. Et si l'on préfère servir un bordeaux côtes de francs blanc à l'apéritif, pourquoi ne pas l'accompagner de fines tranches d'andouille de Vire, dont le côté canaille répondra à merveille à l'exubérance aromatique du vin ?

Bordeaux côtes de francs rouge

D'abord simples « bordeaux », les vins de la région ont dû batailler pour obtenir de se différencier sous le nom de « côtes de francs ». Mais les viticulteurs ont eu raison, et les vins rouges de l'appellation, souvent dotés d'une forte personnalité, méritent bien une place à part entière dans la sphère des vins du Bordelais. Généralement marqués par une importante proportion de merlot, les bordeaux côtes de francs rouges sont en effet colorés et fortement charpentés, avec une structure riche et des tannins puissants. L'appellation – la plus petite du Bordelais, en termes de surfaces viticoles – jouit d'une image en pleine évolution, et l'on commence à apprécier à leur juste valeur ces vins qui se boivent généralement assez jeunes – de trois à cinq ans – et qui méritent d'être découverts.

Ténacité et savoir-faire ont su faire reconnaître les côtes de francs

Si les bordeaux côtes de francs ont réussi leur spectaculaire percée, c'est en partie grâce à la ténacité et au savoir-faire de quelques propriétaires acharnés à faire reconnaître les mérites de leurs produits. La famille Thienpont, qui a acheté le Château Puygueraud au lendemain de la Deuxième Guerre mondiale, s'est d'abord fait connaître par le biais de l'une de ses autres propriétés, le prestigieux Vieux Château Certan à Pomerol. À partir des années soixante-dix, les Thienpont ont entrepris de replanter leur vignoble des côtes de francs. Les trente-deux hectares de Château Puygueraud, aujourd'hui exploités par Nicolas Thienpont, sont installés sur des crêtes argilo-calcaires. Les vignes sont plantées

en merlot (55 %), cabernet franc (25 %), cabernet sauvignon (15 %) et malbec (5 %), et sont à l'origine de vins tanniques, denses et assez complexes. Pour le millésime 1996, la robe rouge-grenat montre une belle limpidité, assez transparente et brillante. Les arômes de fruit – cassis écrasé – se joignent à des notes florales très agréables. On sent également la patine boisée de tannins pas encore totalement fondus. La texture laisse paraître la rondeur du merlot et une belle concentration. Dire que les rouges des côtes de francs se boivent jeunes est une vérité générale : ce Puygueraud 1996 est au palais bien équilibré, dense et franc, avec des tannins bien marqués, et devra vieillir encore deux ou trois ans pour acquérir davantage de finesse et d'élégance.

On ne doit pas oublier que les bordeaux côtes de francs sont des vins assez rustiques, exigeant d'être servis avec des plats denses, dans la tradition du Sud-Ouest. N'oublions pas non plus la proximité géographique de l'appellation avec les terres de la Dordogne ou du Lot-et-Garonne. Ce n'est pas un hasard si ces vins font des compagnons

Racheté en 1946 par Georges Thienpont, le domaine du Château Puygueraud, situé sur la commune de Saint-Cibard, constitue le cœur de l'appellation bordeaux côtes de francs.

Le mariage heureux
... avec un bordeaux côtes de francs rouge :
• Salade de queue de bœuf aux échalotes.

exceptionnels pour les salades de gésiers confits aux champignons, les terrines de faisan aux trompettes de la mort ou même, pourquoi pas, un classique cassoulet. J'aime aussi les servir avec des entrées de viandes froides en gelée – la gelée contribuant à absorber les tannins du vin. Quant aux fromages, on peut se contenter de hollandes – édam ou gouda – ou, si l'on cherche des alliances plus fortes, choisir une tête de moine ou un fromage de montagne comme le pavin, originaire des monts d'Auvergne.

Bordeaux supérieur

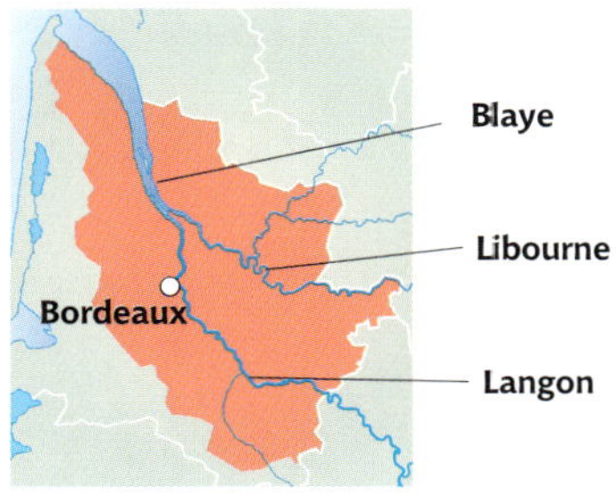

Rouge

Château de Reignac
Domaine de l'Île Margaux
Château Le Grand Verdus
Château Montlau
Château Thieuley
Château Trocard
Château de Seguin

AOC depuis octobre 1943
Superficie : 9 215 ha
Sols : tous terroirs du Bordelais
Encépagement : cabernet sauvignon, cabernet franc, merlot (cépages principaux) ; carmenère, malbec, petit verdot (cépages accessoires)
Rendement maximum autorisé : 50 hl/ha
Température de dégustation : 17 °C

1998
1996
1995
1990
1989

Les bordeaux supérieurs, produits dans tout le département de la Gironde, doivent répondre à des critères qualitatifs plus exigeants que les bordeaux dits génériques. Leur nom s'applique théoriquement à des vins rouges ou moelleux, mais l'immense majorité d'entre eux est constituée de rouges de garde moyenne. Si l'appellation manque un peu d'homogénéité, elle offre pourtant à l'amateur de jolies bouteilles à prix doux, idéales pour accompagner un dîner sans façon, en hiver ou en automne.

Quelles différences permettent de distinguer un bordeaux d'un bordeaux supérieur ? En théorie, elles portent sur deux critères. Les rendements de base, d'abord, qui passent de 55 à 50 hectolitres par hectare, et le degré alcoolique après fermentation : de 10° minimum pour un bordeaux, il doit être de 10,5° pour un bordeaux supérieur. Dans la réalité, les bordeaux supérieurs cherchent souvent à justifier leur appellation en mettant en œuvre des techniques de vinification proches de celles des appellations plus prestigieuses et en allongeant le temps de l'élevage en barriques.

C'est exactement ce qui se passe au Château de Reignac, propriété ancienne installée sur les hauts de Saint-Loubès, non loin de Bordeaux. Les bâtiments d'habitation, d'un classicisme sans faute, datent de la fin du XVIIe siècle, et la salle de dégustation est aujourd'hui aménagée dans une tour séculaire bâtie sur un puits. Ce cadre historique n'empêche en rien les actuels propriétaires des lieux, Stéphanie et Yves Vatelot, de recourir pour élaborer leurs vins aux techniques les

***Ci-dessus** : Dans le parc du château de Reignac, une serre signée Gustave Eiffel, qu'il édifia avec les matériaux qui restaient après la construction du pont de Cubzac.*

***Page de droite** : Un long élevage en barriques donne au bordeaux supérieur de Reignac ses notes toastées et réglissées et sa couleur grenat pourpré.*

CROUSTILLANT DE PIEDS DE PORC

Restaurant La Grand'Vigne,
Les Sources de Caudalie

Recette de Didier Banyols

Préparation : 5 mn la veille,
2 h le jour même
Cuisson : 5h environ + 3 h au frais

Pour 4 personnes
4 pieds de porc
100 g de poitrine fumée en tranches
2 oignons, 1 échalote, 1 gousse d'ail
2 carottes
2 poireaux
2 tomates
1 branche de céleri
2 l de bouillon de volaille
40 cl de bordeaux blanc sec
50 g de beurre
1 bouquet garni
Huile d'olive
sel, poivre

La veille

Dans une bassine, couvrir les pieds de porc de gros sel.

Le jour même

Dessaler les pieds de porc en les passant plusieurs fois sous l'eau froide, puis les mettre dans une casserole d'eau froide, porter à ébullition et égoutter.

Éplucher et tailler en petits dés les légumes, l'oignon et l'échalote. Les faire suer au beurre dans une large sauteuse.

Ajouter les pieds, l'ail, le bouquet garni, le vin et le bouillon. Porter à ébullition, poivrer. Continuer la cuisson à petits frémissements pendant 5 heures.

Retirer du feu, égoutter les pieds. Réserver le liquide de cuisson.

Désosser les pieds.

Poser sur une plaque quatre cercles (type cercles à gâteaux). Tapisser les parois et le fond de poitrine fumée, garnir l'intérieur avec les pieds de porc désossés. Recouvrir les cercles avec une seconde plaque et mettre au réfrigérateur pendant 3 heures.

Dans une poêle, faire chauffer un peu d'huile, y poser les cercles pour faire caraméliser toute la surface. Retourner les cercles pour saisir l'autre face.

Faire réduire de moitié le liquide de cuisson des pieds de porc.

Reposer les cercles sur une plaque à four et les enfourner 5 minutes.

Retirer du four, disposer sur chaque assiette, ôter le cercle et servir avec le liquide de cuisson réduit.

On peut agrémenter le plat de quelques dés de truffe.

REIGNAC
REIGNAC
VENDANGES 1996

plus contemporaines. Leur Reignac, dont j'ai goûté plusieurs millésimes, est un vin étonnant, qu'il s'agisse du Château de Reignac (vingt-deux hectares en production) ou de la cuvée Prestige (quarante et un hectares). Le Château de Reignac 1997 – pourtant une année très moyenne –, de couleur rouge-grenat pourpré, offre au nez des arômes très agréables de fruits – noirs et rouges – et d'épices. Le boisé, assez marqué, demeure cependant raffiné, avec de subtiles touches toastées, réglissées même. Au palais, l'attaque est franche et gourmande, avec des tannins mûrs qui montrent un heureux équilibre entre les raisins et le bois. Assez concentré, ce vin est idéal si vous voulez surprendre vos amis : gageons que bien peu d'amateurs sauront y reconnaître un modeste bordeaux supérieur !

Fraises, groseilles, framboises : tous les fruits rouges frais aimeront la compagnie d'un bordeaux supérieur au moment du dessert.

Page de droite :
Au milieu de son parc arboré, le château de Reignac date du XVIIe siècle.

Souvent raffiné, il peut prétendre à des mariages assez nobles

Parfois très séduisant, le bordeaux supérieur rouge accompagne sans fausse note les grillades d'agneau ou de bœuf, comme un T-bone steack grillé à la sauce au poivre servi avec des pommes Pont-Neuf.

Mais il peut prétendre à des alliances plus éclatantes : du gibier à plume par exemple, voire des morceaux nobles de gibier à poil comme un filet de biche, une gigue de chevreuil ou un rôti de sanglier.

Lorsqu'il est à la fois fin et concentré, il s'accommode bien de la compagnie des fromages à pâte dure – mimolette, gouda –, mais le fort caractère d'un pont-l'évêque ou d'un livarot ne lui fait pas peur.

Pour un dessert, on choisira de préférence un entremets à base de fruits rouges, ou des classiques poires au vin, que l'on servira avec une glace à la vanille.

Le mariage heureux
... avec un bordeaux supérieur rouge :
• Confit de lapereau à l'ail doux.

Cadillac

Liquoreux

Château Suau
Château Carsin
Château Fayau
Château du Juge
Château Manos
Château Reynon

AOC depuis août 1973
Superficie : 221 ha
Sols : argileux et graveleux
Encépagement : sémillon, sauvignon, muscadelle
Rendement maximum autorisé : 40 hl/ha
Température de dégustation : 9 °C

1997
1990
1989
1976
1975

Page de gauche :
Deux tours jumelles élevées au XVIe siècle ornent chaque extrémité du château Suau, un édifice d'un sobre classicisme.

Avec ses voisines loupiac et sainte-croix-du-mont, l'appellation cadillac forme une famille homogène qui produit des vins blancs liquoreux. Face au Sauternais, sur les coteaux qui dominent la rive droite de la Garonne entre Langoiran et Langon, on retrouve ce microclimat très particulier qui rend possible l'élaboration de ces vins. À Cadillac, les vins n'ont pas la puissance des sauternes ; ils n'atteignent pas non plus les mêmes niveaux de prix. Leur utilisation en devient donc plus facile, particulièrement au déjeuner, en été et au printemps, et même lors d'un repas d'affaires.

C'est à Cadillac que commence la route des vins blancs moelleux du Bordelais. Lorsque l'on remonte la Garonne sur sa rive droite, on ne peut manquer, à une trentaine de kilomètres de Bordeaux, cette petite ville fortifiée qui s'enorgueillit de son magnifique château du XVIIe siècle. Tout autour, s'étend un vignoble dominé par le cépage sémillon. En septembre, les deux rives du fleuve bénéficient du même climat, qui permet au champignon *botrytis cinerea* d'envahir les grains de « pourriture noble ». À Cadillac s'élaborent donc, comme à Sauternes, des liquoreux, toutefois plus vifs et nerveux que ceux du Sauternais. Leur prix, lui, n'a pas grand-chose à voir avec ceux des sauternes ou des barsac : l'amateur de vins de cette famille

Liquoreux mais sans excès, les cadillac allient avec finesse touches florales et minéralité.

pourra donc, avec les cadillac, satisfaire ses envies beaucoup plus facilement. D'autant que, dans un bon millésime, un cadillac bien fait peut se révéler fin et élégant, avec une ampleur et une longueur tout à fait honorables.

Un cadillac réussi s'attend plusieurs années

C'est le cas des cadillac produits au Château Suau, un très beau domaine de quatre-vingts hectares dont soixante de vignes encépagées de façon très diversifiée, et qui produit, outre des blancs secs et des cadillac, des premières côtes de bordeaux rouges. Le château lui-même, flanqué de ses deux tours couvertes de vigne vierge fut, au XVIe siècle, un relais de chasse du duc d'Épernon, favori du roi Henri III et amiral de France, avant de passer à la famille de Suau. Vendu à maintes occasions au gré de l'Histoire, le Château Suau est aujourd'hui propriété de Mme Monique Bonnet. Les six mille bouteilles annuelles de cadillac sont élaborées à partir d'un assemblage de sémillon (60 %) et de sauvignon (40 %).

Le Château Suau 1996 arbore une robe dorée, pas trop soutenue. Le nez, encore très marqué par l'élevage, prouve que le cadillac, dans un bon millésime, est un vin qu'il faut savoir attendre plusieurs années : trois paraissent un minimum, mais il n'est pas rare de voir vieillir un cadillac pendant quinze ans. Au palais, le vin présente une belle unité : la bouche est gourmande, avec des tannins bien enrobés et une sucrosité équilibrée.

Lotte aux zestes d'agrumes et purée de pois cassés

Bistrot du Sommelier, Paris

Recette de Laurent Sturbois

Préparation : 25 mn
Cuisson : 1 h

Pour 4 personnes
1 lotte de 2 kg
300 g de pois cassés secs
3 oranges
3 citrons
1 pamplemousse
(éventuellement pour la décoration)
1 oignon
1 carotte
1 bouquet garni
beurre
sel, poivre

Râper les zestes des oranges et des citrons.

Peler à vif 2 oranges et 2 citrons.

Presser 1 orange et 1 citron.

Pour la purée de pois cassés

Blanchir les pois en les plongeant dans l'eau froide, les amener à ébullition puis les égoutter et rincer.

Tailler la carotte et l'oignon en mirepoix et les faire suer, à la poêle, dans un peu de beurre.

Ajouter les pois cassés blanchis, couvrir largement d'eau froide et faire cuire à feu moyen 45 minutes, en remuant de temps en temps. Saler et poivrer en fin de cuisson.

Passer les pois cassés au moulin à légumes puis détendre la purée avec un peu de jus de cuisson. Réserver au chaud.

Pour la lotte

Préparer la lotte en médaillons épais. Saler et poivrer.

Faire revenir et cuire à la poêle au beurre blond, pendant 6 minutes environ en retournant souvent.

Disposer les médaillons sur un plat, saupoudrer des zestes et arroser des jus d'agrumes. Servir accompagné de la purée de pois cassés.

Le cadillac ne doit pas être confondu avec un grand liquoreux, apprécié surtout en hiver. Mais sa puissance moindre (13° environ, contre 14,5° pour un sauternes) peut se révéler un atout très intéressant dans certaines circonstances. Il accompagne sans dommage les mets classiques de la région – fromages bleus ou foie gras – mais se montrera un partenaire plus parfait encore avec certains abats nobles, comme les ris de veau servis rôtis avec des champignons, ou des asperges chaudes et une sauce à la crème et au vin de Cadillac. Au Château Suau, on aime aussi le servir en apéritif, tout simplement, ou avec un dessert.

C'est en harmonie avec les agrumes que je préfère un cadillac : son côté floral et sa minéralité trouvent là une belle occasion de s'exprimer avec raffinement.

Le mariage heureux
... avec un cadillac :
Lotte aux zestes d'agrumes
et purée de pois cassés.

Les suggestions de Château Suau :
Pressée de petits légumes
et foie gras.
Foie gras chaud aux
pommes caramélisées.
Tarte aux pommes tièdes
et crème au miel.

CÉRONS

Liquoreux

Château de Cérons
Château d'Arricaud
Château Huradin

AOC depuis septembre 1936
Superficie : 73 ha
Sols : silico-graveleux sur sous-sol à astéries
Encépagement : sémillon, sauvignon, muscadelle
Rendement maximum autorisé : 40 hl/ha
Température de dégustation : 9 °C

1997
1990
1989
1976
1975

À quelques encablures de Barsac – les deux villages ne sont séparés que par un petit ruisseau, le Saint-Cricq –, Cérons donne son nom à une appellation confidentielle par sa superficie (à peine plus de soixante-dix hectares) et qui géographiquement appartient à la partie sud des graves. Mais les blancs liquoreux qu'on y trouve, élégants et expressifs, méritent l'intérêt des amateurs, qui prendront plaisir à les faire découvrir à leurs amis.

Étendue sur trois villages seulement – Cérons, Podensac et Illats –, l'appellation cérons correspond à un plateau planté de vignes dès l'époque gallo-romaine, et dont les vins avaient au Moyen Âge déjà acquis une solide réputation. Le village de Cérons, qui autrefois portait le nom latin de Sirione, a donné son nom à la rivière Ciron, affluent de la Garonne et synonyme, pour les amateurs de vins liquoreux, du microclimat favorable à l'élaboration de ces vins si particuliers. Le Ciron, qui sépare les collines de

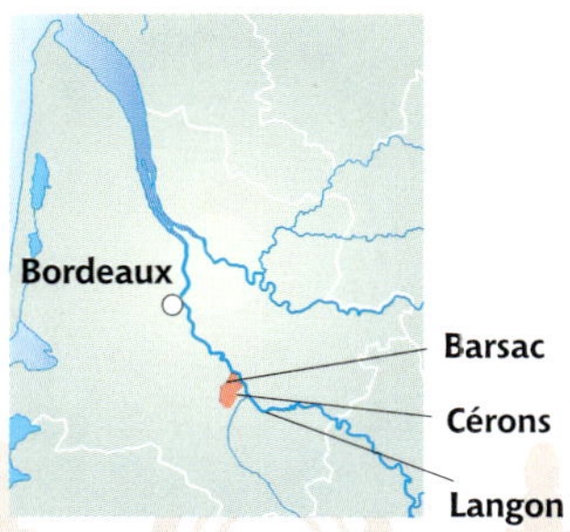

En haut : *Quand la lumière joue avec les reflets verts dans la robe dorée du cérons.*
Page de gauche : *Ancienne résidence du marquis de Calvimont, le château de Cérons est un bel exemple de l'architecture classique du Bordelais.*

Page de droite : *La fraîcheur estivale d'une soupe de melon devrait faire merveille aux côtés d'un cérons.*

Sauternes des plateaux de Barsac et de Cérons, constitue en effet le cœur de cette zone où, certaines années, les brouillards matinaux de septembre se conjuguent à l'ensoleillement des belles journées de l'arrière-saison pour produire de grands liquoreux. Comme leurs cousins plus connus, les vins de Cérons sont puissants et expressifs, avec souvent une vivacité minérale intéressante. Il faut les déguster à partir de l'âge de quatre ou cinq ans, mais ils gagnent à être bus plus tard, lorsqu'ils atteignent une quinzaine d'années.

Peu de producteurs revendiquent aujourd'hui l'appellation cérons. Le Château de Cérons est l'un d'eux. Située sur une terrasse au-dessus de la Garonne, face à la ville de

Tannins fondus et maturité des raisins pour un vin plein de caractère et de dynamisme

Cadillac qui domine l'autre rive, cette belle demeure classique, construite à la fin du XVIIe siècle, commande un vignoble de dix hectares entouré de hauts murs. Sur ce terroir très graveleux, marqué par des affleurements de calcaire à astéries, domine le cépage sémillon. Les vins, élaborés dans les chais du château, sont issus de vendanges manuelles successives et passent deux années en fûts avant la mise en bouteilles.

Lorsque j'ai goûté le millésime 1990 du Château de Cérons, c'est le mot « énergie » qui m'est tout de suite venu à l'esprit : malgré l'âge, le vin présentait une belle robe dorée avec des reflets encore verts, et la bouche ronde, franche, généreuse, onctueuse montrait une étonnante vivacité. Les arômes de fruits – pêches et abricots confits – se fondaient admirablement aux notes d'épices presque orientales, évocatrices de viennoiseries, avec une touche briochée qui dénotait un élevage bien conduit. L'intensité générale du vin, sensible à la fois dans les tannins fondus et la maturité des raisins, m'a semblé pleine de caractère et de dynamisme.

Voilà donc un vin qui n'a rien des défauts habituels de certains liquoreux, considérés comme lourds, fades ou trop sucrés. Il s'alliera pour le meilleur aux mets qui accompagnent généralement les vins de cette région, comme les fromages à pâte persillée et le foie gras, déjà évoqués à propos des appellations barsac ou graves supérieures, par exemple. Mais je l'imagine assez bien avec des poissons de rivière – truite ou saumon – cuisinés en sauce au cérons. Ou, mieux encore, avec une fricassée de coquilles Saint-Jacques à l'huile d'olive. Et il existe un dessert à base de fruits frais qui, à mes yeux, réalise avec ce vin un équilibre total : la soupe de melon aux grains de coriandre frais écrasés, accompagnée d'un sorbet granité au cérons.

Le mariage heureux
... avec un cérons :
- Foie gras chaud poêlé, pointe d'ail confit, cèpes bouchons du Bordelais.

Côtes de Bordeaux Saint-Macaire

Moelleux

Château Fayard

AOC depuis juillet 1937
Superficie : 60 ha
Sols : silico-graveleux sur sous-sol pierreux
Encépagement : sémillon, sauvignon, muscadelle
Rendement maximum autorisé : 50 hl/ha
Température de dégustation : 9 °C

1999
1998
1997
1996
1995

Appellation marginale dans tous les sens du terme – par la quantité très limitée des vins produits et par sa situation à l'extrême sud de la zone située entre Garonne et Dordogne –, le côtes de bordeaux saint-macaire appartient le plus souvent à la famille des moelleux, non pas comme le sainte-croix-du-mont, proche géographiquement et plus liquoreux, mais comme le graves supérieures. Quelques vins tendres mais plus secs sont également élaborés dans cette AOC. Peu connus, originaux et pleins de personnalité, les côtes de bordeaux saint-macaire méritent amplement de figurer dans un déjeuner d'amateurs curieux.

Page de droite : *Une grille élégante protège Château Fayard, la plus ancienne propriété de Saint-Macaire.*

Un blanc tendre, net et franc

Il existe peu de domaines viticoles en côtes de bordeaux saint-macaire. Le plus connu d'entre eux est sans aucun doute le Château Fayard, qui jouit d'une excellente réputation. Cette propriété – la plus ancienne de Saint-Macaire – trouve ses origines au début du XVIIe siècle. Trois hectares de vignes de trente ans – composées de sémillon (70 %), sauvignon (25 %) et muscadelle (5 %) – sont implantés sur un terroir particulièrement maigre : le sol de graves et d'argiles repose sur un sous-sol pierreux correspondant à une ancienne carrière, et ne permet évidemment que de faibles rendements. Les raisins bénéficient de cette difficulté, avant d'être l'objet de tous les soins du maître des lieux, Jacques-Charles de Musset.

Le vin de Château Fayard est un saint-macaire pulpeux. Vin évidemment travaillé, longuement élaboré, très contemporain, il arbore une couleur soutenue, avec des reflets or-vert. Chaleureux, généreux, il révèle des parfums fruités où se mêlent des senteurs florales printanières marquées par un léger boisé. Au palais, son côté ensoleillé l'apparente presque à des blancs de la Méditerranée qu'une finale acidulée viendrait rafraîchir, évitant ainsi toute lourdeur à ce blanc net et franc.

Trois ans d'attente font le plus grand bien à un côtes de bordeaux saint-macaire. Ensuite, il faut éviter de le consommer à l'apéritif ou sur des coquillages nature et des aliments acides : c'est un blanc trop tendre pour cela. Sa personnalité s'harmonise mieux avec des plats plus travaillés, comme des huîtres sur lit de cresson en gelée préparée avec le même vin. Ou encore avec des calamars chauds en friture, des soupions ou des calamars à l'armoricaine servis avec du riz, ou des harengs marinés, dont la texture moelleuse répondra avec élégance à la générosité du vin.

Si celui-ci commence à vieillir (quatre ou cinq ans), on peut le servir sur des plats dont la texture sera complémentaire de sa douceur, telle une volaille en sauce crémée accompagnée de salsifis. Original, un côtes de bordeaux saint-macaire exige qu'on cherche l'accord avec des mets dont le craquant et la fraîcheur feront bien ressortir sa rondeur et son velouté.

Le mariage heureux

... avec un côtes de bordeaux saint-macaire sec :

- **Chaud-froid de haddock fumé en carpaccio sur gratin de chou-fleur en sauce blanche.**

Alliance subtile entre le haddock fumé froid, le gratin de chou-fleur chaud et les parfums généreux du côtes de bordeaux saint-macaire de Château Fayard (ci-contre).

Côtes de Bourg

À Teuillac, le Château Moulin des Graves élabore cette « cuvée particulière », un côtes de bourg blanc à la rondeur caressante.

***Page de gauche** : Au château Brulesécaille, l'austérité du bâtiment répond à l'élégance discrète du vin.*

Blanc

Château Moulin des Graves
Château Brulesécaille
Château Tour des Graves

AOC depuis septembre 1936
Superficie : 32 ha
Sols : argileux sur sous-sol calcaire
Encépagement : sémillon, sauvignon, muscadelle (cépages principaux) ; merlot blanc, colombard (cépages accessoires)
Rendement maximum autorisé : 60 hl/ha
Température de dégustation : 9 °C

1999
1998

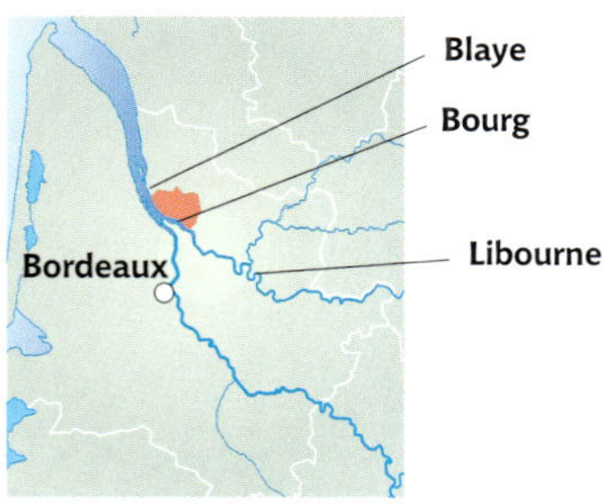

Rouge

Château Brulesécaille
Château de Barbe
Château Fougas
Château Nodoz

AOC depuis mai 1941
Superficie : 3 765 ha
Sols : argilo-calcaires
Encépagement : cabernet sauvignon, cabernet franc, merlot, malbec
Rendement maximum autorisé : 60 hl/ha
Température de dégustation : 17 °C

1998
1996
1995
1990
1989
1985
1982

Deux frères jumeaux, le Bourgeais et le Blayais, occupent la partie septentrionale de l'estuaire de la Gironde. Dans ces zones classiques des « côtes » du Bordelais, l'appellation côtes de bourg a beaucoup changé – pour le meilleur – au cours des dernières décennies. On y produit très peu de vins blancs, mais une quantité importante de vins rouges solides, concentrés et originaux, souvent marqués par la douceur soyeuse du merlot. Ils se révèlent en toute saison d'excellents alliés pour des repas simples ou improvisés qu'ils sont capables d'accompagner d'un bout à l'autre.

Côtes de bourg blanc

Avec seulement une trentaine d'hectares en production, l'appellation côtes de bourg blanc reste plutôt rare. Les vins produits sous ce nom, qui se révèlent assez tendres et fruités, sont généralement issus de cépage

Le mariage heureux

... avec un côtes de bourg blanc :

- Petite salade de fromage de chèvre mi-sec à l'huile d'olive, lamelles de poivrons rouges et verts confits, tomates concassées.

La suggestion de Château Moulin des Graves :

- Lotte au sauvignon.

sauvignon presque pur, mais leur structure est soutenue par un boisé léger. Le Château Moulin des Graves, qu'exploitent Maryse et Jean Bost à Teuillac, compte ainsi trois hectares plantés exclusivement en sauvignon, aux côtés de sept autres encépagés en rouge. La situation du vignoble, un peu en retrait de la Gironde, lui permet de bénéficier des meilleurs sols. Dans cette propriété qui appartient à la même famille depuis plus d'un siècle, on élabore avec beaucoup de soin des vins blancs élevés sur lies qui séjournent six à huit mois en barriques renouvelées chaque année par tiers.

La Cuvée Particulière du Château Moulin des Graves (millésime 1999) m'a plu par sa douceur : à sa couleur or assez soutenue, à ses arômes intenses de fleurs, de fruits du verger, d'ananas et d'agrumes, s'ajoute, au palais, une rondeur très caressante, valorisée par un boisé à peine présent. Bien qu'il ne contienne pratiquement pas de sucre résiduel, ce vin à la bouche ample et gourmande ne paraît pas très sec et fait montre d'une belle persistance.

Tendres et fruités, faciles à marier surtout avec des entrées froides

Vins d'été, frais et aériens, les côtes de bourg blancs sont à consommer plutôt en début de repas, sur des entrées froides à base de poisson, de coquillages ou de crustacés. Tourteau, langoustines, crevettes ou même huîtres grasses de type belons leur conviennent bien. Des filets de poissons – bar, sole – pochés, servis froids avec des petits légumes – céleri-rave ou carotte – émincés et juste blanchis mettront parfaitement ces vins en valeur. Un trait d'huile d'olive ou de vinaigre balsamique soulignent aussi les saveurs exotiques de mangue ou d'ananas qui caractérisent le sauvignon jeune. Une salade de fruits de mer en sauce gribiche ou un fromage de chèvre pas trop sec sont d'autres compagnons classiques auxquels on peut penser.

Côtes de bourg rouge

Avec une production cent fois supérieure à celle des blancs, les côtes de bourg rouges forment une appellation importante et très ancienne de la région bordelaise, puisque les vignobles de cette rive de la Gironde ont précédé, et de loin, ceux du Médoc. La zone produit aujourd'hui des vins qui souffrent un peu de la méconnaissance du public, alors que leur souplesse – liée à la forte proportion de merlot qui entre dans leur composition – et leur élégance discrète en font de jolis vins originaux, de garde moyenne (trois à sept ans), que l'on aime faire découvrir à ses amis, d'autant qu'ils offrent en général un excellent rapport qualité-prix. Je les apprécie en toute saison, avec une petite préférence pour l'automne, sans que je puisse vraiment justifier cette position. Ce sont en tout cas des vins qu'il faut avoir dans sa cave, pour des occasions faciles ou improvisées.

Acquis par la famille Rodet-Recapet en 1924,

Les vignobles de côtes de bourg, sur la rive droite de la Gironde, sont parmi les plus anciens de la région bordelaise.

Page de droite :
La concentration et la texture d'un côtes de bourg rouge en font l'un des rares vins capables de s'accommoder de la présence des fromages à pâte fleurie.

le Château Brulesécaille, situé au cœur de l'appellation côtes de bourg, faisait partie au XIXe siècle des crus bourgeois du Bourgeais. Ce domaine d'un seul tenant compte vingt-cinq hectares de vignes presque entièrement vouées aux vins rouges, et qui s'étagent sur les vallonnements doux qui dominent l'estuaire de la Dordogne. L'étiquette « Château Brulesécaille » correspond à cent mille bouteilles annuelles d'un vin élaboré à partir de merlot (50 %) et de cabernets (50 %) et élevé douze mois en barriques.

Une texture soyeuse caractéristique des côtes de bourg rouges

Le millésime 1996 démontre, par sa couleur grenat pourpré, une belle concentration. Au nez, le vin est complexe, avec une pointe « animale » aux côtés de notes presque liquoreuses de fruits macérés. Ce vin franc montre une très belle homogénéité, une viscosité parfaite, de la densité et de la rondeur. Au palais, les parfums s'enrichissent et rappellent le pain toasté et les fruits noirs réglissés. Ce vin réussi me paraît typique de l'évolution récente de l'appellation côtes de bourg, à laquelle on a longtemps prêté des vins tout juste « standard ».

De nombreux plats permettent d'apprécier un côtes de bourg rouge. Ce vin aime d'abord les viandes rouges grillées toutes simples : pièce de bœuf ou gigot aux herbes par exemple. Mais sa texture soyeuse l'autorise à accompagner différentes sortes de viandes en sauce non dénuées de caractère : un morceau d'aloyau préparé à la lie de vin, une daube de canard à la bordelaise ou même un petit gibier pas trop corsé. Je l'aime bien avec un gigot d'agneau mariné au vin rouge et aux aromates : après avoir laissé mariner la viande une nuit, l'avoir égouttée, il suffit de la rôtir, de faire réduire la marinade et d'y ajouter, à la fin de la cuisson, un carré de chocolat noir dont le fondant viendra répondre à la texture du vin. Pour la même raison, les côtes de bourg rouges s'accommodent aussi du côté caressant des fromages à pâte fleurie (brie ou camembert) ou même de la puissance d'un livarot ou d'un pont-l'évêque, si difficiles à assortir aux vins d'une façon générale.

Le mariage heureux
... avec un côtes de bourg rouge :
- Aloyau sauce à la lie de vin, châtaignes cuites à la poêle trouée.

CHATEAU

Côtes de Castillon

Sur la rive droite de la Dordogne, juste en amont de Saint-Émilion, s'étend le vignoble des côtes de castillon. Cette AOC récente, autrefois appelée bordeaux côtes de castillon, produit des vins rouges, souples et ronds, d'un prix fort sage, qui accompagnent remarquablement un déjeuner de printemps ou un dîner d'été sans prétention.

Les côtes de castillon forment une appellation assez homogène, regroupée sur neuf communes autour de la petite ville de Castillon-la-Bataille. Dans cette zone souvent injustement oubliée, les viticulteurs ont, depuis une trentaine d'années, multiplié les efforts : ils ont relevé le défi de normes d'appellation plus strictes pour avoir droit au nouveau nom de côtes de castillon et beaucoup ont misé sur une vinification soignée. Aujourd'hui, sur les coteaux argilo-calcaires qui s'étendent vers l'est au-delà du vignoble de Saint-Émilion, sont produits des vins généralement tendres et veloutés, non dépourvus de finesse.

La propriété des Lapeyronie compte des vignes en bordeaux côtes de francs (le Vignoble d'Alfred) et en côtes de castillon (Château Lapeyronie et Château La Font du Jeu). Planté sur quatre hectares de vignes quadragénaires, le Château Lapeyronie proprement dit représente treize mille bouteilles annuelles d'un côtes de castillon typique de son appellation et largement dominé par le cépage merlot (70 %), auquel s'ajoutent cabernet sauvignon et cabernet franc à parts égales.

Rouge

Château Lapeyronie
Château d'Aiguilhe
Château de Belcier
Château Cap de Faugères
Château de Saint-Philippe

AOC depuis juillet 1989
Superficie : 2 925 ha
Sols : argilo-calcaires
Encépagement : merlot, cabernet sauvignon, cabernet franc, malbec
Rendement maximum autorisé : 50 hl/ha
Température de dégustation : 17 °C

1998
1996
1995
1990
1989

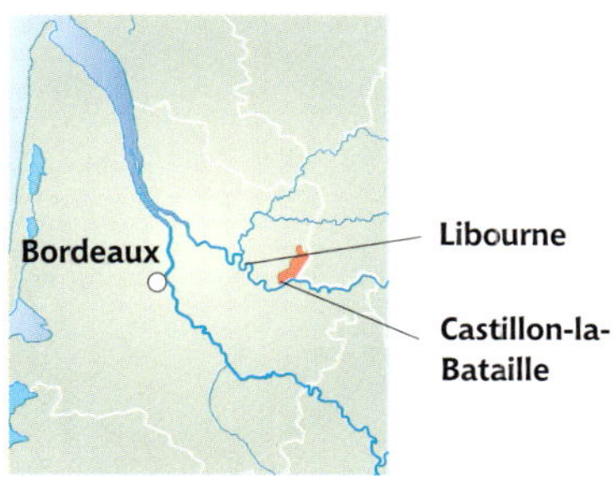

Sainte-Colombe et les vignobles alentour, parmi lesquels la propriété des Lapeyronie.

Un élevage sans faute permet en outre d'obtenir de beaux tannins équilibrés qui lui assurent une texture très agréable. Les efforts consentis par cette propriété familiale ont garanti, depuis plusieurs années, une remarquable régularité dans la qualité.

Un vin facile à déguster à la mi-saison

Le millésime 1997, que j'ai récemment goûté, m'a paru très aromatique, offrant au nez des touches boisées et fumées sur un fond de fruit noir. J'y ai également découvert une note de violette tout à fait originale dans cette AOC. En bouche, le fruit – mûre et myrtille – reste très présent et rappelle même la crème de fruit, tandis que les tannins montrent une saveur vanillée très agréable.
Si les côtes de castillon réussis sont en général faciles à déguster, cela ne signifie nullement qu'ils ne méritent pas quelques années d'attente : pour ma part, je les préfère âgés de trois à sept ans, lorsque la maturité a fondu leurs tannins. Je n'aime guère les boire en hiver : pour cette saison, je privilégie des vins rouges plus fortement charpentés. Mais un côtes de castillon trouve tout naturellement sa place à la mi-saison ; il fera alors merveille sur des entrées chaudes, comme un feuilleté à la crème d'anchois. Il se plaît bien sûr aux côtés de plats simples et roboratifs comme des saucisses de Morteau, ou encore avec un fromage fort en goût comme un olivia, un chèvre aux olives noires originaire de Haute-Provence.
En été, le côtes de castillon sera le compagnon idéal des dîners de grillades au jardin : petites saucisses ou chipolatas servies avec des champignons de Paris juste passés sur le gril ; brochettes de viande d'agneau, de tranches d'oignons et de dés de poivrons accompagnées de semoule au jus ; à moins bien sûr qu'on ne leur préfère de classiques magrets de canard, cuits rosés sur la braise.

Des plats simples, les grillades ou les brochettes, conviennent aux côtes de castillon tendres et veloutés.

Page de droite :
M. Lapeyronie accorde la plus grande attention à l'élevage en fûts, qui donne à son côtes de castillon ses beaux tannins équilibrés.

Le mariage heureux
.... avec un côtes de castillon :
• Saucisses de Morteau aux perles du Puy.

Mons-Maleret

Crémant de Bordeaux

Blanc

Château Landereau

AOC depuis avril 1990
Superficie : 150 ha
Sols : toutes zones d'appellation bordeaux
Encépagement (pour le crémant blanc de blancs) : sémillon, sauvignon, muscadelle (cépages principaux) ; colombard, ugni blanc (cépages accessoires)
Rendement maximum autorisé : 65 hl/ha
Température de dégustation : 7 °C

Rosé

Château La Tour du Roy
Château Camail

AOC depuis avril 1990
Superficie : 12 ha
Sols : toutes zones d'appellation bordeaux
Encépagement : cabernet sauvignon, cabernet franc, merlot, carmenère, malbec, petit verdot
Rendement maximum autorisé : 65 hl/ha
Température de dégustation : 8 °C

***Page de gauche** : La petite ville de Saint-Émilion cache en son sous-sol de nombreuses galeries propices à l'élaboration des crémants.*

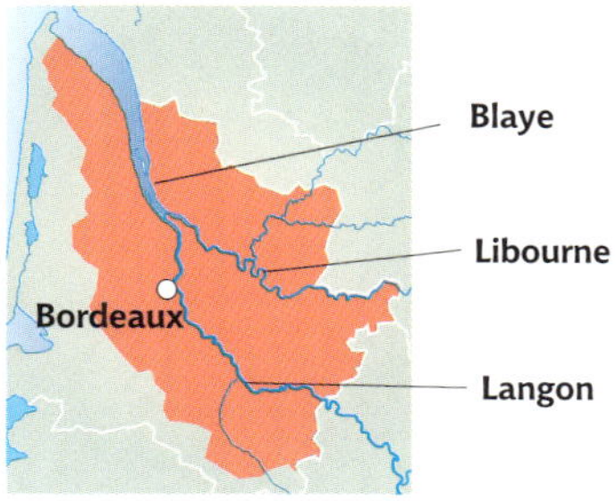

Les crémants sont nés d'une modification de la législation sur les vins mousseux qui a interdit l'emploi de termes comme « méthode champenoise » pour qualifier des vins élaborés dans des régions autres que la Champagne. À Bordeaux, les crémants sont blancs ou rosés, mais la production totale reste limitée. Ce sont des vins agréables et frais, tout simples lorsqu'ils sont réussis, et qui conviennent à des apéritifs ou des repas légers dans l'ambiance décontractée des vacances.

Si l'appellation crémant est très récente (1990), l'élaboration de vins mousseux dans le Bordelais relève d'une tradition ancienne. Le changement de législation a toutefois permis de resserrer les contraintes liées à la fabrication du crémant qui, du même coup, a gagné en qualité. Tous les crémants de bordeaux sont élaborés à partir de vins de base produits à l'intérieur de l'aire d'appellation d'origine contrôlée bordeaux. La seconde fermentation en bouteilles doit elle aussi être conduite dans le département de la Gironde. Peu de producteurs se sont lancés dans l'élaboration de vins mousseux, largement concurrencés par les crémants d'autres régions, souvent mieux reconnus. Le petit monde des amateurs de vins a souvent tendance à

Page de droite : *Légumes et gambas sautés s'harmonisent à la bulle fine du crémant blanc de blancs brut de Château Landereau.*

Julienne de céleri-rave aux gambas, sauce rémoulade

Bistrot du Sommelier, Paris

Recette de Laurent Sturbois

Préparation : 50 mn
Cuisson : 30 mn

Pour 4 personnes
20 gambas
1 céleri-rave
1 œuf
20 cl d'huile d'olive
1 citron
1 cuillerée à soupe de moutarde
80 g de beurre
1 cuillerée à soupe de cognac
1 petit bouquet de persil plat
sel, poivre

Décortiquer les gambas. Réserver les têtes.

Préparer un fumet avec les têtes
Les faire sauter dans 30 g de beurre. Flamber avec le cognac. Mouiller à hauteur avec de l'eau et faire cuire 20 minutes. Passer au chinois en pressant, au-dessus d'un bol. Réserver ce fumet.

Monter une mayonnaise avec la moutarde, l'œuf et l'huile d'olive. Ajouter le jus d'un demi-citron. Saler, poivrer.

Éplucher le céleri, le râper à l'aide de la grille moyenne. Le saisir vivement pendant 2 minutes à la poêle dans un peu de beurre. Laisser refroidir. Ajouter la moitié de la mayonnaise, mélanger. Saupoudrer de persil ciselé.

Faire rapidement sauter les gambas à la poêle, dans le reste de beurre, 2 minutes de chaque côté.

Dresser le céleri au milieu du plat, entouré des gambas. Arroser de rémoulade détendue avec 3 cuillerées à soupe de fumet.

BRUT DE LANDER
Appellation Crémant de Bordeaux
GIRONDE - FRANCE

considérer cette appellation comme sans grand intérêt, et on a vite fait de l'oublier purement et simplement. C'est faire peu de cas des efforts consentis par quelques propriétés bordelaises pour hisser leur production de crémant à un niveau parfaitement respectable.

Une bulle fine, régulière, sans agressivité

Le Château Landereau est né, au fil des ans, de la restructuration de parcelles installées sur les coteaux de l'Entre-deux-Mers à proximité de Créon. Acquis par Henri Baylet à la fin des années cinquante, le domaine – aujourd'hui exploité par son fils Michel – totalise quarante-cinq hectares de vignes plantées sur des sols graveleux et argilo-siliceux. La production compte des bordeaux supérieurs, des bordeaux clairets et des bordeaux secs.

Le mariage heureux
... avec un crémant de bordeaux rosé :
• Lasagnes au saumon et à la crème.

La suggestion des Caves de La Tour du Roy :
• Desserts au chocolat noir et aux fruits rouges.

Le Brut de Landereau est un crémant « blanc de blancs » élaboré exclusivement à partir de sémillon. Sa belle présentation tient à sa couleur, jaune or assez soutenu avec des reflets or-vert, et à sa mousse exubérante mais peu persistante. La bulle est fine, régulière et correctement intégrée au vin, sans aucune agressivité. Le nez est franc, avec une dominante de fruits du verger – pomme surtout – assez mûrs, à laquelle se joint une touche plus minérale. Seule l'acidité finale est peut-être un peu marquée.

Dans un autre secteur, celui de Saint-Émilion, les Caves de la Tour du Roy sont parmi les plus anciennes à élaborer des vins mousseux. Les crémants rosés sont issus essentiellement de merlot provenant de parcelles situées dans l'Entre-deux-Mers et le Blayais. Après l'obtention d'un « vin tranquille », la deuxième fermentation a lieu en bouteille, selon la méthode traditionnelle, dans les galeries creusées à même le calcaire sous le château du Roy, non loin de Saint-Émilion. Le crémant rosé La Tour du Roy Prestige, à la jolie couleur grenadine, est un effervescent à la bulle assez fine, avec un nez aromatique de cassis et de framboises ; c'est un vin équilibré, aérien, à la saveur un peu vineuse en finale, mais sans aucune agressivité.

Crémants blancs et rosés sont des vins effervescents qui n'exigent pas de plats sophistiqués. Ils conviennent à l'apéritif ou aux dîners-buffets au cours desquels sont servies toutes sortes de petites entrées froides : toasts de foie gras cru au sel de Guérande,

Les crémants de La Tour du Roy sont élaborés dans des chais creusés sous le château, dans des galeries calcaires de la région de Saint-Émilion (page ci-contre).

petits pains aux rillettes de poisson, toasts aux asperges et à la terrine de cabillaud. Si l'on veut leur faire accompagner une entrée, on choisira une nage de coques citronnée aux échalotes ou une assiette de bouquets.

Des vins effervescents sans prétention ni complication

On peut aussi trouver une harmonie avec un poisson à chair blanche – barbue, par exemple – préparé avec une sauce à l'oseille : l'acidité un peu âcre du légume mettra bien en valeur les bulles du vin.

Blancs ou rosés, les crémants s'accommoderont sans difficulté de tous ces plats. Les crémants rosés peuvent toutefois permettre des accords spécifiques parfois plus recherchés. Ils accompagneront facilement des poissons – sardines ou rougets – simplement grillés, ou des charcuteries : fromage de tête, salade de cervelas aux échalotes à la sauce moutarde. Mais je les trouve particulièrement bien accordés à une cuisine plutôt méditerranéenne. Les légumes du Sud – aubergines et poivrons – leur conviennent parfaitement, ainsi que toutes sortes de préparations à base de pâtes italiennes, à condition d'éviter les sauces trop tomatées : cannellonis farcis aux épinards et à la ricotta, lasagnes en sauce crémeuse, tagliatelles aux courgettes et au basilic. Si l'on veut faire tout un repas au crémant rosé, on pourra servir un langres au moment du fromage.

En revanche, je n'aime guère les vins effervescents sur les desserts : il me semble préférable, dans ce cas, de poser sur la table une coupe de gariguettes nature à picorer en terminant son verre !

En haut : *Les crémants fuient la sophistication et conviennent mieux à de petites entrées froides ou à des poissons simplement grillés.*

Ci-contre : *Les toits de Saint-Émilion.*

Entre-deux-mers

Entre-deux-mers haut-benauge

Bordeaux haut-benauge

Élaboré à partir de raisins parfaitement mûrs qui lui donnent sa couleur soutenue, l'entre-deux-mers de Château Sainte-Marie associe vivacité et rondeur

Blanc

ENTRE-DEUX-MERS
Château Sainte-Marie
Château Bonnet
Château Moulin de Launay

ENTRE-DEUX-MERS HAUT-BENAUGE
Château de Bertin

BORDEAUX HAUT-BENAUGE
(moelleux)
Château de Bertin

1998
1997
1995

AOC depuis juillet 1937
Superficie : 1 685 ha pour l'entre-deux-mers
134 ha pour l'entre-deux-mers haut-benauge
Sols : argilo-calcaires ou graveleux
Encépagement : sémillon, sauvignon, muscadelle (cépages principaux) ; merlot blanc, colombard, mauzac, ugni blanc (cépages accessoires, 30 % maximum)
Rendement maximum autorisé : 60 hl/ha (45 hl/ha pour le bordeaux haut-benauge
Température de dégustation : 8 °C

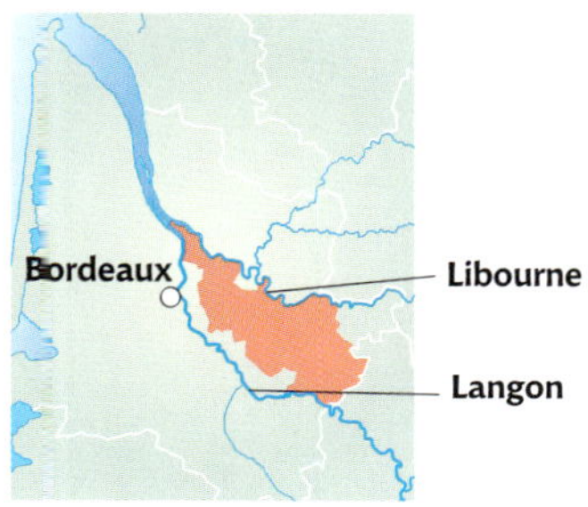

L'Entre-deux-Mers correspond à une vaste région qui, comme son nom le laisse deviner, se trouve limitée par les deux grands fleuves du Bordelais : la Garonne, au sud, et la Dordogne, au nord. Cependant, l'appellation entre-deux-mers ne recouvre pas exactement la zone géographique dont elle porte le nom et qui inclut, elle, d'autres AOC bordelaises comme les graves de vayres ou les premières côtes de bordeaux. L'entre-deux-mers désigne depuis longtemps les vins blancs classiques de Bordeaux, dont cette région produit l'essentiel. L'ancienne appellation haut-benauge, qui appartient à la même zone de production, tend à tomber dans l'oubli. Les entre-deux-mers dans leur ensemble jouissent d'une belle notoriété, et l'on apprécie ces blancs secs, faciles à servir et d'un prix souvent très abordable.

L'Entre-deux-Mers fut longtemps considéré comme le parent pauvre du Bordelais : cette zone vouée aux blancs, dans une région dont la réputation mondiale s'était construite grâce à des vins rouges, avait du mal à imposer ses produits. Mais l'évolution technologique de la

Surveiller l'état sanitaire du vignoble pour garantir un jus de qualité

viticulture a profité à l'appellation, qui a considérablement progressé au cours des dernières années. Aujourd'hui, la qualité de sa production n'est plus mise en doute – même si l'on constate des disparités qualitatives importantes d'un domaine à l'autre. La surveillance de l'état sanitaire des raisins au moment de la vendange et le savoir-faire mieux maîtrisé des vinifications permettent d'obtenir des vins bien faits, aisément identifiables, qui s'apprécient jeunes (de un à trois ans) en toute saison, à midi ou le soir.

La famille Dupuch, qui exploite le Château Sainte-Marie depuis les années 1950, est devenue au fil des ans l'un des leaders de l'entre-deux-mers. Le domaine, très ancien, tire probablement son nom du culte de la Vierge honorée par les pèlerins qui, au Moyen Âge, faisaient halte à cet endroit sur la route de Saint-Jacques-de-Compostelle. Si la maison de maître de la propriété a depuis longtemps disparu, les trente-trois hectares – dont la moitié produisent des vins blancs – du Château, en plein cœur de l'Entre-deux-Mers, sont bel et bien présents. Gilles et Stéphane Dupuch élaborent des blancs typiques de Bordeaux, à partir d'assemblages équilibrés entre sauvignon (50 %), sémillon (40 %) et muscadelle (10 %), plantés sur des terroirs diversifiés. Élevés séparément, les jus sont conservés sur lies pendant au moins six mois.

Entre Garonne et Dordogne, les plants de sauvignon parfaitement exposés de l'entre-deux-mers.

Page de gauche : *Les bordeaux haut-benauge moelleux sont souvent vinifiés et élevés en barriques, comme ici au Château de Bertin.*

Le mariage heureux
... avec un entre-deux-mers :

• Salade de poireaux confits aux moules et aux coques, sauce aux agrumes.

Salade de poireaux confits aux moules et aux coques

Bistrot du Sommelier, Paris

Préparation : 1 h 10
Cuisson : 25 mn

Pour 4 personnes
1,5 kg de poireaux
1,5 kg de moules
1,5 kg de coques
40 cl d'entre-deux-mers
1 branche de thym
1 branche de céleri
1 cuillerée à soupe de poivre mignonnette
graines de coriandre
3 cuillerées à soupe d'huile d'olive
1 cuillerée à soupe de jus d'agrumes (citron et orange)
sel, poivre

Verser le vin dans une grande marmite. Ajouter le thym, le céleri et le poivre mignonnette. Porter à ébullition. Plonger aussitôt les moules dans la marmite et remuer avec une écumoire. Laisser cuire à couvert pendant 5 minutes environ.Dès qu'elles s'ouvrent, les retirer avec l'écumoire.

Procéder de même pour les coques. Décortiquer les coquillages.

Éplucher les poireaux, les laver dans plusieurs eaux et les ficeler en plusieurs bottes. Les faire cuire à l'eau bouillante salée. Égoutter.

Tailler 2 poireaux en petits biseaux de 4 cm de long. Réserver.

Émincer le reste des poireaux et mélanger délicatement avec les moules et les coques.

Assaisonner d'une vinaigrette faite d'huile d'olive, de jus d'agrumes et des graines de coriandre concassées.

Disposer la salade en dôme sur le plat de service. Décorer des biseaux de poireaux.

Le millésime 1998 constitue un très bon exemple d'entre-deux-mers réussi : le nez frais, presque aérien, laisse percevoir des arômes de poire, d'agrumes, avec une pointe de fruits exotiques et surtout des senteurs florales très fraîches et printanières. Le palais révèle des raisins de vieilles vignes – vingt-cinq ans en moyenne au Château Sainte-Marie – récoltés à parfaite maturité. Un bel équilibre s'établit entre la vivacité exprimée par les notes acidulées et la rondeur de ce vin qui se démarque ainsi de beaucoup d'entre-deux-mers souvent jugés trop incisifs.

Fruité et désaltérant, un vin à la rondeur caressante

Le Château de Bertin, qui reste fidèle, lui, à l'appellation entre-deux-mers haut-benauge, assez peu revendiquée, a aussi retenu mon attention. Aux mains de Françoise et Jean-Pierre Mano, cette propriété familiale de dimensions modestes produit quinze mille bouteilles d'un vin blanc sec extrêmement soigné, issu d'un assemblage de sauvignon (70 %), muscadelle (20 %) et sémillon (10 %). Le millésime 1998, à la robe or vert assez pâle, a un nez d'intensité moyenne, marqué par la minéralité et les notes florales, alors que le fruit reste discret. Au palais, ce vin est moins aérien qu'un entre-deux-mers classique : d'une bonne longueur, il exprime plutôt son terroir, et sa densité montre une puissance, une rondeur, presque une suavité qui accentue son côté caressant.

Robe or-vert et nez minéral marqué de touches florales, le vin de Château de Bertin, élaboré avec beaucoup de soin par Jean-Pierre Mano, est une excellente expression de son terroir.

Les vins blancs secs de l'Entre-deux-Mers sont bien entendu d'excellents compagnons des poissons et des crustacés.

Page de droite : *Le vignoble de Bertin appartient à l'appellation devenue rare d'entre-deux-mers haut-benauge.*

Qu'il s'agisse d'entre-deux-mers ou d'entre-deux-mers haut-benauge, les vins blancs secs de cette région, fruités et désaltérants, recherchent des accords très classiques avec des fruits de mer, des poissons et des crustacés. Lorsque le vin fait montre, aux côtés de la fraîcheur, d'une rondeur agréable, on peut sans hésiter l'accompagner d'aliments à la saveur marquée, comme un tourteau ou des langoustines. Mais son acidité en finale, sa minéralité lui permettent aussi d'être très apprécié sur des coquillages. Pour ma part, j'aime l'entre-deux-mers sur des préparations froides à base des produits de la mer : un tartare d'huîtres ou de poisson agrémenté de ciboulette, des rillettes de poisson ou des poissons en gelée, comme l'ultra-classique saumon en belle-vue par exemple.

Quant au moelleux bordeaux haut-benauge, il est produit sur à peine cinq hectares. On peut envisager de le servir avec un plat de poisson chaud, comme des filets de sole à la dieppoise préparés avec une sauce à la crème, aux moules, aux champignons et, bien sûr, au vin blanc.

Fronsac
Canon-Fronsac

Rouge

FRONSAC

Château de La Rivière

Château Dalem

Château Fontenil

Château Haut Carles

Château de La Dauphine

Château La Grave

Château La Vieille Cure

Château Les Trois Croix

AOC depuis mars 1937
Superficie : 824 ha
Sols : argilo-calcaires sur calcaire à astéries
Encépagement : cabernet, merlot, bouchet, malbec ou pressac
Rendement maximum autorisé : 47 hl/ha
Température de dégustation : 18 °C

1998

1995

1990

1985

La Rivière est un édifice imposant construit aux alentours de 1560 et qui offre une vue splendide sur la Dordogne.

Rouge

CANON-FRONSAC

Château Cassagne Haut-Canon

Château Barrabaque

Château Canon-Moueix

Château La Fleur Cailleau

Château Moulin Pey-Labrie

Château Roc de Canon

AOC depuis juillet 1939 (sous le nom de côtes canon-fronsac jusqu'en juillet 1964)
Superficie : 302 ha
Sols : argilo-calcaires sur calcaire à astéries
Encépagement : cabernet, merlot, bouchet, malbec ou pressac
Rendement maximum autorisé : 47 hl/ha
Température de dégustation : 18 °C

1998

1995

1990

1985

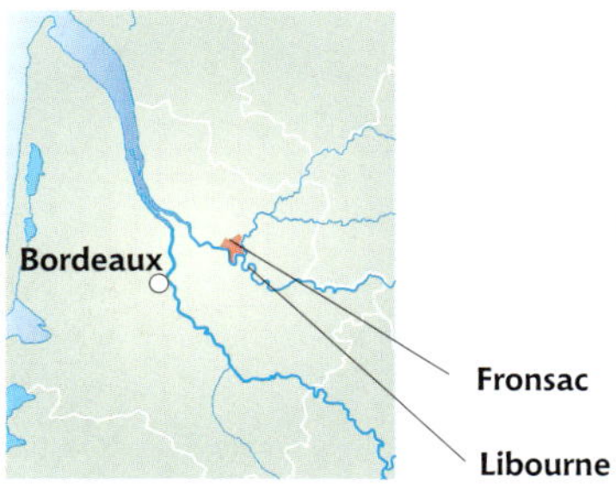

À La Rivière, toutes les installations de cuverie ont été récemment modernisées. Sous le château, un gigantesque réseau de galeries creusées dans le calcaire couvre une superficie de plusieurs hectares. Quelques salles ont été aménagées en chais.

Deux appellations, fronsac et canon-fronsac, se partagent les versants en pente douce qui surplombent la rive droite de la Dordogne en aval de Libourne. Elles offrent toutes deux à l'amateur des vins rouges denses, marqués d'une forte personnalité, et qui demandent à vieillir. Ils conviennent parfaitement aux dîners d'automne entre amis et s'apprécient dans une ambiance décontractée.

Longtemps considérée comme la rivale de Bordeaux, Libourne constitue aujourd'hui encore le cœur d'une région viticole particulièrement active. Aux portes de la cité, les vignobles de fronsac et de canon-fronsac – géographiquement très proches – forment ce que l'on appelle parfois le Fronsadais, lové dans un tortueux méandre du fleuve. La zone d'appellation actuelle se répartit sur six communes ; toutes ont le droit d'élaborer du fronsac ; seules quelques terres situées autour du village de Saint-Michel-de-Fronsac peuvent prétendre à l'appellation de canon-fronsac. Les sols argilo-calcaires de ces coteaux sont plantés des habituels cépages du Bordelais, parmi lesquels le merlot, majoritaire dans les assemblages, se fait la part belle. Fronsac et canon-fronsac sont des vins de caractère, assez corsés et plutôt rustiques dans leur jeunesse. Les tannins, très présents, leur confèrent une certaine rugosité de texture et en font des vins de garde remarquables. Mieux vaut donc patienter cinq ans au moins, et souvent une bonne décennie, pour se donner une chance de les apprécier comme ils le méritent.

Le mariage heureux
... avec un fronsac ou un canon-fronsac :
• Civet d'agneau au fronsac, garniture de légumes grand-mère (petits oignons glacés, pommes de terre, champignons).

Dans la zone de fronsac, traditionnellement évocatrice de vins robustes, nombre de viticulteurs travaillent depuis plusieurs années dans le sens de l'élégance et de la finesse. Parmi ceux qui ont fait porter leurs efforts – et leurs investissements ! – sur la vinification et l'élevage, le Château de La Rivière mérite qu'on s'y arrête. Cette vaste propriété compte près de soixante hectares de vignes installées sur des collines qui offrent une vue splendide sur la Dordogne. Au sommet, domine le château lui-même, construit au XVIe siècle non loin d'un camp fortifié établi bien plus tôt par Charlemagne. Dès le Moyen Âge, les terres du château produisent un vin que l'on achemine par voie fluviale vers Bordeaux, d'où il gagne la Cour, à Paris. La Rivière demeure longtemps un domaine familial avant d'être vendu comme bien

Vin dense et doté d'une forte personnalité, le fronsac affectionne l'automne et ses produits.

Page de gauche : *La cour intérieure de La Rivière.*

national sous la Révolution et de passer en de multiples mains au cours des XIXe et XXe siècles. Depuis 1994, il appartient à un industriel, Jean Leprince, qui en a confié la gestion à son gendre, Xavier Peneau ; les vinifications sont conduites suivant les conseils de l'œnologue Michel Rolland, par ailleurs propriétaire d'un autre domaine emblématique de l'appellation, le Château Fontenil. À La Rivière, le vin fait une place importante au cépage merlot (78 %) et au cabernet sauvignon (15 %), cabernet franc et malbec (respectivement 5 % et 2 %) se partageant le reste. D'importants travaux de

Un réel souci de qualité qui porte ses fruits

cuverie ont récemment permis de traiter séparément la vendange issue des différentes parcelles, après sélection des grains. Le vin est ensuite élevé en barriques renouvelées par tiers chaque année, pendant douze à quinze mois. Toutes ces améliorations ont sans aucun doute permis au fronsac de La Rivière d'évoluer vers davantage de finesse.

À la dégustation, j'ai retrouvé des vins généreux et amples dotés d'un nez joliment épicé, dans les millésimes 1995 et 1996, une concentration soutenue assortie d'une belle brillance en 1998, et un vin un peu plus rustique mais très réussi en 1997. L'ensemble montre un réel souci de qualité et prouve que l'approche technique due à Michel Rolland est ici facteur de réussite.

Pour les canon-fronsac, j'ai choisi le Château Cassagne Haut-Canon, une propriété bien différente de celle qui précède : cette petite entreprise de la famille Jean-Jacques Dubois est installée sur une crête dressée au-dessus d'une courbe du fleuve, d'où l'on découvre un magnifique panorama sur le paysage environnant. Attaché à la tradition, le domaine privilégie le terroir et continue à vinifier de vrais vins de garde, ne faisant entrer dans la plupart des assemblages qu'une grosse moitié de merlot. Les douze hectares de l'exploitation sont composés de nombreuses parcelles qui font varier tant le type de sol que l'exposition, et permettent de choisir, pour chaque emplacement, le cépage qui convient le mieux.

L'une de ces parcelles, de taille modeste, produit le cru La Truffière, ainsi nommé parce que la vigne est accolée à un champ calcaire planté de quelques chênes truffiers. Dans le millésime 1995, cet élégant cru de canon-fronsac demeure fidèle à la personnalité de l'appellation : nez de terroir, belle robe sombre, arômes de truffe additionnés de touches empyreumatiques, légèrement brûlées.

Les actuels occupants de La Rivière se sont attachés à retrouver dans les détails de la décoration l'esprit d'autrefois.

Page de gauche : *Depuis la terrasse du Château La Rivière, le regard embrasse l'ensemble du vignoble.*

Cette minéralité terrienne, presque rustique, ne nuit en rien à ce vin franc et racé, délicatement réglissé, dont la présence s'exprime bien au palais, et qui exige une dizaine d'années pour atteindre son apogée. Le millésime 1998 est lui aussi très prometteur ; son attaque franche, sa belle concentration, son nez de fruit noir légèrement confituré et sa longueur en bouche laissent présager un grand vin de garde, à déguster dans dix ans.

Des accords gastronomiques qui varient selon l'âge du vin

C'est à l'automne que j'apprécie le mieux les fronsac et canon-fronsac. Leur robustesse exige d'être tempérée par des plats denses et moelleux, ce qui exclut d'emblée tous les poissons. Il serait toutefois inutile de vouloir établir d'autres généralités : le choix du plat sera surtout fonction de l'âge du vin. Jeunes – c'est-à-dire entre cinq et dix ans ! –, ces vins accompagnent bien un filet de bœuf ou un morceau d'agneau rôti ; mais ils conviennent surtout à des viandes rouges en sauce agrémentées de champignons : un parmentier de queue de bœuf au jus de champignons mettra en valeur le terroir du vin, tandis qu'une sauce à peine émulsionnée ajoutera l'indispensable moelleux. Tous les jus dont le goût rappelle celui de l'humus viendront ainsi réguler les tannins encore très présents d'un fronsac jeune. Un fromage un peu paysan, tel un saint-nectaire fermier, pourrait aussi bien convenir, ou encore un saint-marcellin, affiné à la lyonnaise, dont la texture crémeuse est capable d'absorber les finales tanniques du vin. Plus mûrs – entre dix et quinze ans –, les fronsac et canon-fronsac présentent d'intéressantes modifications de parfums : on voit ainsi s'accentuer la tendance vers l'humus, relevé d'une touche discrètement épicée. Sur le plan de la structure, les tannins s'effacent au profit d'une plus grande rondeur, d'une suavité plus marquée. Je les aime, à cet âge, servis sur un jambon chaud préparé en sauce brune et accompagné d'un gratin de céleri : la personnalité de ces vins leur permet d'envisager l'emploi d'un légume aussi fort en goût. Enfin, au-delà de quinze ans, on peut s'attendre au meilleur comme au pire, et il ne faut pas sous-estimer la part du risque pris à boire ces vins si âgés. Cependant, dans un bon millésime, un fronsac correctement vinifié présentera un nez de cuir délicieux et des tannins enrobés, garants d'une exceptionnelle onctuosité. Il accompagnera toutes sortes de préparations mijotées, en particulier des gibiers cuits longuement, comme un lièvre confit dans sa sauce.

Les fromages crémeux sont les plus indiqués pour absorber les tannins d'un canon-fronsac.

Page de gauche : *Depuis Château Cassagne Haut-Canon, la vue est magnifique sur le petit village de Saint-Michel-de-Fronsac.*

GRAVES

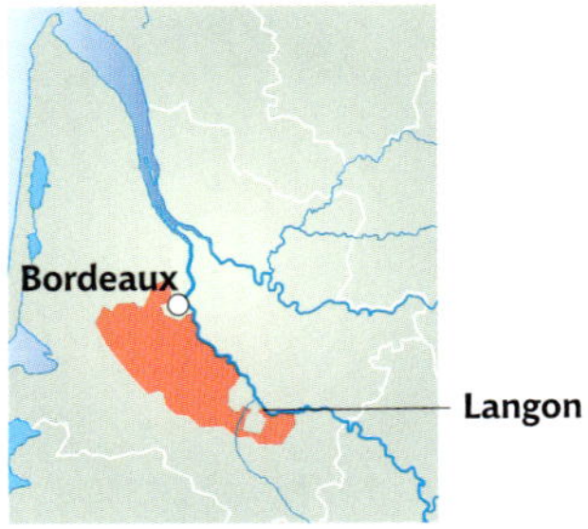

Blanc

Clos Floridène
Château de Chantegrive
Château Magence
Château Peyreblanque

AOC depuis mars 1937
Superf cie : 939 ha
Sols : graves argilo-calcaires au nord de l'appellation ; composante siliceuse au sud
Encépagement : sémillon, sauvignon, muscadelle
Rendement maximum autorisé : 50 hl/ha
Température de dégustation : 10 °C

1998
1996
1995
1990
1989
1985

Rouge

Château Respide-Médeville
Château de Gaillat
Château Haut-Selve
Château Magence
Château Rahoul
Villa Bel-Air

AOC depuis mars 1937
Superficie : 2 197 ha
Sols : graves argilo-calcaires au nord de l'appellation ; composante siliceuse au sud
Encépagement : merlot, cabernet sauvignon, cabernet franc, malbec, petit verdot
Rendement maximum autorisé : 50 hl/ha
Température de dégustation : 17 °C

1996
1995
1990
1989
1985
1982

Aujourd'hui propriété d'un vinificateur réputé, Denis Dubourdieu, le Clos Floridène est installé sur un sol argilo-sableux typique du sud de la région des graves.

PRODUCE OF FRANCE
CLOS FLORIDENE
GRAVES
APPELLATION GRAVES
1998
Denis et Florence DUBOURDIEU,
PROPRIETAIRES A 33210 PUJOL/CIRON
MIS EN BOUTEILLE A LA PROPRIETE

Situé en amont de Bordeaux sur la rive gauche de la Garonne, le vignoble des graves est la seule appellation contrôlée française qui tire son nom de son terroir, où prédominent sables et graviers. Planté dès l'époque romaine, il constitue l'origine historique des vins du Bordelais. C'est en effet au Ier siècle après Jésus-Christ que l'on commença à cultiver la vigne dans cette zone. Mais il est vrai que, entre le Moyen Âge et la fin du XVIIe siècle, on produisit surtout des « clarets » que l'on buvait jeunes, faute de savoir en assurer la conservation. Aujourd'hui, le vignoble de graves produit deux fois et demie plus de rouges que de blancs.

Graves blanc

Longtemps considérés comme des vins dépourvus de complexité, les graves blancs composent une appellation assez hétérogène, tant les critères d'encépagement et de vinification ont le pouvoir d'influer sur le résultat final. Dans l'idéal, un blanc sec de graves doit offrir une belle couleur dorée, des arômes exotiques d'agrumes et des notes plus traditionnelles de fruits rouges. Historiquement, les viticulteurs de Graves ont d'abord planté les mêmes cépages que leurs voisins sauternais – sémillon et muscadelle –, très favorables à l'élaboration de vins moelleux.

Compagnon idéal des déjeuners d'hiver ou de printemps

L'apparition progressive du sauvignon a permis à l'appellation d'évoluer vers des vins plus secs et d'une plus grande fraîcheur. C'est dire si la proportion – variable d'un domaine à l'autre – entre ces différents cépages sera déterminante pour décider quels mets sauront le mieux mettre en valeur ces vins. Les blancs secs des graves s'apprécient surtout en hiver ou au printemps. Leur prix accessible et leurs notes minérales et rafraîchissantes en font les compagnons familiers de nos déjeuners.

Le Clos Floridène fournit l'exemple même d'une brillante réussite en matière d'harmonie. Son propriétaire, Denis Dubourdieu, en qui nombre de professionnels voient le chef de file des nouveaux graves blancs, a d'abord

Le mariage heureux

... avec un graves blanc :

- Pavé de cabillaud grillé sur peau à la fleur de sel, sauce au beurre blanc avec vin blanc, jus de citron, échalote.

Les suggestions du Clos Floridène :

- Homards grillés.
- Poissons et viandes blanches cuisinés en sauce à la crème.
- Volailles grillées.

Les fruits de mer et les crustacés accompagnent parfaitement un graves blanc, surtout si celui-ci réalise l'équilibre entre sémillon et sauvignon.

Page de gauche : *Une robe or parée de reflets verts est la marque de la présence de calcaire dans le sol du vignoble du Clos Floridène.*

Avec ses onze hectares de vignes rouges et ses trois hectares en cépages blancs, le château Respide-Médeville domine les coteaux de Graves à quelques kilomètres de Langon.

travaillé à partir des sémillons et des muscadelles de son domaine situé à deux pas de Barsac, à l'extrême sud de l'appellation. Sur ces terres argilo-sableuses, il a peu à peu intégré une proportion de sauvignon qui atteint aujourd'hui 40 %. Ce scientifique, qui enseigne à l'université de Bordeaux, a également fait porter ses efforts sur les méthodes de vinification. Adepte de la macération pelliculaire, il a montré comment, en retardant la presse des raisins avant la fermentation, on bénéficie d'éléments de texture et de qualités aromatiques jusque-là négligés ; en même temps, on obtient – lorsque la macération est bien conduite – une stabilisation des arômes qui augmente sensiblement le potentiel de garde de ces vins. Personnage discret et vinificateur hors pair, Denis Dubourdieu a su fédérer nombre de viticulteurs autour de ses idées, et l'on peut affirmer sans hésitation que les blancs de graves lui doivent beaucoup. Le Clos Floridène compte aujourd'hui treize hectares plantés en cépages blancs (50 % sémillon, 40 % sauvignon, 10 % muscadelle), sur un terroir typique du sud des Graves – une mince couche de sables argileux couvrant un sous-sol calcaire.

La couleur or-vert du vin constitue d'ailleurs un bon indicateur de la forte présence du calcaire dans le sol. Les arômes, très fruités, évoquent la pêche blanche et les agrumes, tandis qu'en bouche prédomine la vivacité. L'élevage de onze mois sur lies confère au vin beaucoup de matière et des nuances toastées ; la structure, à la fois fondante et équilibrée, laisse présager un bon potentiel de garde.

Lorsqu'on choisit de déguster un graves blanc, il est donc important de connaître avec précision, dans la mesure du possible, son style et sa composition : le cépage sauvignon apporte une touche aérienne, tendre et

Sauvignon, sémillon, muscadelle : tout se joue dans la proportion

exotique ; le sémillon offre davantage de texture, de densité et de matière, et augmente le potentiel de garde ; la muscadelle joue davantage sur les notes douces et fruitées. C'est en fonction de ces éléments, et bien entendu de l'âge de la bouteille, que l'on pourra célébrer quelques mariages heureux.

Un graves fortement teinté de sauvignon s'accorde bien, dans son jeune âge (moins de deux ans), avec les coquillages (palourdes) et les fruits de mer crus. Les notes iodées complétant magnifiquement les arômes d'agrumes, on dégustera ainsi des huîtres pas trop grasses, du type fines de claire, arrosées d'un filet de citron et accompagnées d'échalotes émincées, dont la texture craquante et la saveur un peu alliacée rehausseront le goût de l'ensemble. On appréciera aussi des charcuteries toutes simples.

Plus âgés (de deux à cinq ans), ces vins acquièrent de la complexité, et leur texture encore tendre s'accommode bien de poissons fumés (saumon, mais aussi flétan ou hareng),

dont la chair moelleuse sera rééquilibrée par la fraîcheur du vin. Je les aime aussi avec des carpaccios de fruits de mer ou des coquilles Saint-Jacques crues marinées, accompagnées de quelques pommes de terre.

Lorsqu'ils ont été conservés plus longtemps (entre cinq et dix ans), les graves de ce style passent en quelque sorte un seuil aromatique : ils retrouvent leur minéralité d'origine, mais assortie de notes plus confites, et le fruit s'estompe alors au profit de la subtilité. Leur texture, assez fluide avec le temps, convient à des plats chauds, parfumés mais pas trop puissants : des poissons à chair blanche et pas trop dense (un saint-pierre ou un turbot rôtis, ou un cabillaud poché agrémenté d'une sauce aux agrumes), que l'on servira avec du riz ou des pâtes plutôt qu'avec des légumes verts qui apporteraient une note végétale trop présente.

Le sémillon augmente le potentiel de garde

Les harmonies sont différentes lorsque le blanc de graves penche plutôt du côté du sémillon. Jeune, je le bois avec des crustacés servis froids, un tourteau par exemple, que j'accompagne d'une mayonnaise légèrement safranée. Pour un vin d'âge moyen, un poisson blanc (barbue) grillé convient bien, servi avec des légumes verts relevés d'épices douces comme un curry léger ; ces vins se marient aussi avec bonheur à des fromages à pâte cuite pressée, tel le saint-nectaire fermier.

Ailerons de volaille craquants aux épices douces

Bistrot du Sommelier, Paris

Recette de Laurent Sturbois

Préparation : 3 h + 15 mn
Cuisson : 25 mn

Pour 4 personnes
16 ailes de poulet préparées en 32 ailerons
1 cuillerée à soupe de tandoori
1 cuillerée à soupe de curry
1 cuillerée à soupe de poivre de Sechuan
1 cuillerée à soupe de gingembre frais râpé
100 g de sucre
10 cl d'eau
25 cl de vinaigre de vin rouge
gros sel
huile d'arachide

Manchonner les ailerons ou demander au boucher de le faire.

Déposer les ailerons dans une terrine, les saupoudrer de gros sel et laisser reposer pendant 3 heures.

Dans une poêle, les faire colorer dans un peu d'huile.

Mélanger les épices. Rouler les ailerons dans ce mélange.

Dans un plat allant au four, faire un caramel blond avec le sucre et l'eau. Le déglacer avec le vinaigre.

Ajouter les ailerons. Faire confire au four (th. 5, 170 °C), pendant quelques minutes, jusqu'à ce que la sauce réduise, enrobe le poulet et le nappe d'une belle couleur brune et brillante.

Exotisme et raffinement pour ces ailerons de volaille confits aux épices douces : une alliance subtile avec l'élégance d'un graves rouge.

Enfin, lorsque ce type de graves commence à vieillir (cinq à dix ans), il est bien mis en valeur par des crustacés servis chauds (homards ou langoustes) ou des poissons à chair ferme (lotte). Les sauces peuvent alors être crémées et plus relevées. On obtient aussi des accords très réussis avec les volailles – encore une fois en sauce à base de crème – ou même avec une oie confite garnie de panais. J'apprécie également ces vins sur certains fromages : des chèvres demi-secs ou, mieux encore, des fromages de brebis basques de l'abbaye de Belloc.

Graves rouge

S'ils ne forment pas un ensemble très homogène, on peut pourtant considérer les graves rouges comme des vins élégants et faciles, excellents partenaires des déjeuners d'affaires, surtout au printemps ou en été. Comme les blancs de la même appellation, ils affichent des différences importantes selon la localisation des domaines : les terroirs varient en effet beaucoup du nord au sud de l'appellation. Les terres argilo-graveleuses du nord produisent des graves amples et généreux, tandis que l'aire siliceuse qui s'étend autour de Langon donne naissance à des vins rouges plus aériens et à la minéralité accentuée. Mais tous les bons graves ont en commun cette facilité – le mot n'a rien de péjoratif –, cette élégance insouciante qui leur permet, dès l'âge de trois ou quatre ans, d'accompagner un déjeuner d'un bout à l'autre sans provoquer lourdeur ni ennui.

À Respide-Médeville, l'élégance du château répond à celle du vin.

À quelques kilomètres de Langon – et donc à l'extrémité sud de l'appellation graves –, le Château Respide-Médeville se trouve entre les mains d'Andrée et Christian Médeville, par ailleurs heureux propriétaires du Château Gilette et du Château Les Justices (tous deux en appellation sauternes). Aux côtés des trois hectares plantés en blanc, Respide-Médeville compte onze hectares de vignes en cépages rouges, répartis sur des pentes argileuses et un plateau de graves classiques. L'encépagement se partage entre merlot (40 %) et cabernet sauvignon (60 %). Le vin, conservé en cuve trois mois après la fermentation, passe ensuite toute une année en barriques.

Viandes ou poissons, les graves rouges s'accommodent des deux

Le millésime 1996, aromatique et suave, arbore une belle teinte rouge grenat dans laquelle jouent des reflets vermillon. Les arômes évoquent la liqueur de fruit, mais le palais décèle une pointe de minéralité très élégante et un boisé parfaitement fondu, à peine marqué sur un vin de quatre ans. Ce Respide-Médeville franc, bien concentré, ne manque pas de puissance : il saura prendre un peu d'âge, comme tout bon graves rouge qui atteint facilement sept ou huit ans sans souffrir le moins du monde.

Vins aimables, les graves rouges permettent de réaliser des alliances réussies avec des volailles, poulets ou pintades rôtis. Ils font aussi partie de ces vins rouges que l'on peut aisément servir avec des poissons : ce qui se révèle un avantage très intéressant lorsque plusieurs convives se trouvent réunis autour de la même table, lors d'un repas d'affaires au restaurant. Dans un usage traditionnel, le graves rouge peut entrer dans la préparation de la fameuse lamproie à la bordelaise, cuisinée avec des poireaux et une sauce au vin. Mais il accompagnera avec bonheur des poissons comme la truite ou l'alose. Je l'apprécie aussi beaucoup sur les filets de rouget poêlés, servis avec une noix de moelle de bœuf à la fleur de sel sur un lit de cardons revenus au jus de viande. Pour les fromages, le graves s'accommode bien des banons aux herbes agrémentés de quelques grains de raisins de Corinthe macérés dans de l'eau-de-vie.

Le mariage heureux

... avec un graves rouge :

- Ailerons de volaille craquants aux épices douces, riz cantonais.

Les suggestions de Château Respide-Médeville :

- Entrecôte à la bordelaise.
- Magrets de canard grillés.
- Perdreau aux choux.
- Chevreuil sauce grand veneur.

GRAVES DE VAYRES

Blanc

Château Pichon Bellevue
Château Lesparre

AOC depuis juillet 1937
Superficie : 147 ha
Sols : graves sur sous-sol silico-graveleux
Encépagement : sémillon, sauvignon, muscadelle (cépages principaux) ; merlot blanc (cépage accessoire)
Rendement maximum autorisé : 60 hl/ha
Température de dégustation : 9 °C

1998
1997

Frais et doucement acidulé, le graves de vayres blanc de Pichon Bellevue évoque la fraîcheur des fleurs printanières.

Rouge

Château Lesparre
Château Haut-Gayat
Château Haut-Mongeat
Château Pichon Bellevue

AOC depuis juillet 1937
Superficie : 446 ha
Sols : graves sur sous-sol silico-graveleux
Encépagement : merlot, cabernet sauvignon, cabernet franc, carmenère, malbec, petit verdot
Rendement maximum autorisé : 50 hl/ha
Température de dégustation : 17 °C

1999
1998
1996
1995

Malgré son nom, le territoire des graves de vayres n'a rien à voir avec celui des graves, puisqu'il se situe sur la rive gauche de la Dordogne en aval de Libourne, presque en face des canon-fronsac. Le vignoble, très mal connu du grand public, est pourtant fort ancien et produit aujourd'hui des vins rouges et blancs – secs ou moelleux – d'accès facile, qui présentent souvent un remarquable rapport qualité-prix.

Si l'appellation graves de vayres n'est officielle que depuis les années trente, la région témoigne, elle, d'un très riche passé. Les terrasses qui, à cet endroit, dominent la Dordogne ont été habitées dès la préhistoire, et la vigne y était cultivée à l'époque gallo-romaine. Quant à la petite ville de Vayres (qui, avec sa voisine Arveyres, se partage les quelque sept cents hectares de l'aire d'appellation), elle s'enorgueillit d'un château féodal aujourd'hui classé monument historique. Longtemps, les terres graveleuses de cette zone produisirent des vins blancs, surtout moelleux ; de nos jours, les rouges y sont largement majoritaires, et les blancs moelleux issus de sémillon côtoient des vins blancs secs dominés par le cépage sauvignon.

Une terrine de poissons saura mettre en valeur les parfums d'un graves de vayres blanc.

Page de droite *: Château Pichon Bellevue est un domaine familial créé en 1880.*

Le mariage heureux

... avec un graves de vayres blanc :

- **Dôme de moules marinière froides et carpaccio de bar, sauce aux baies roses, huile d'olive et aneth.**

Graves de vayres blanc

Planté sur les coteaux de graves au sous-sol silico-graveleux, le sauvignon donne au graves de vayres blanc sa fraîcheur et sa finesse. Les blancs secs de cette appellation, lorsqu'ils sont réussis, étonnent par leur expression aromatique et leur belle harmonie. Au Château Pichon Bellevue, un tiers des trente hectares plantés de vignes est réservé aux cépages blancs (50 % de sémillon, 40 % de sauvignon, 10 % de muscadelle). Ce domaine familial créé en 1880 et aujourd'hui exploité par Daniel et Laurent Reclus produit autant de moelleux que de blancs secs.

Parmi ces derniers, le Pichon Bellevue 1999 présente de beaux reflets jaune-vert, avec un nez très expressif et typique du cépage sauvignon : arômes de bourgeon de cassis et d'agrumes constituent un bel ensemble de parfums très aériens. Au palais, le vin se montre franc et vif, légèrement perlant et bien équilibré ; je l'ai trouvé agréablement frais, évocateur de toutes sortes de fleurs printanières et juste acidulé en finale.

C'est un vin qui s'apprécie jeune, entre un et trois ans. Il convient parfaitement à l'apéritif et s'harmonise facilement avec les coquillages, les terrines de poissons ou même des préparations à base de fromage comme un soufflé au chèvre ou à la tomme de brebis.

Graves de vayres rouge

L'appellation graves de vayres produit aujourd'hui quatre fois plus de vins rouges que de blancs. L'une des difficultés de l'AOC vient de l'absence de négoce : les vins ont du mal à trouver des circuits de distribution autres que la vente directe par les viticulteurs eux-mêmes. C'est dommage, car les graves de vayres rouges présentent de jolies qualités. Ce sont des vins souples et bien charpentés, qui montrent des caractères assez proches de ceux des graves rouges – surtout ceux produits autour de Langon. Ceux de Château Lesparre comme de Château Haut-Gayat font honneur à l'appellation. À Lesparre – un domaine qui compte près de deux cents hectares et appartient à la famille Michel Gonnet, par ailleurs propriétaire en Champagne –, on produit des blancs comme des rouges. À Haut-Gayat, quatorze des soixante-dix hectares de la propriété de Mme Degas sont en appellation graves de vayres.

J'ai dégusté avec beaucoup d'intérêt le Lesparre 1997, d'une jolie couleur tendre, avec un nez de fruit acidulé et une bouche gourmande, franche et généreuse. Le Haut-Gayat de la même année, peut-être un peu plus sombre et tannique, issu de raisins bien mûrs, fait montre d'une structure équilibrée et exhale de plaisants arômes de fruits noirs. Vin sans complexes ni complications, le graves de vayres rouge reste par excellence un vin de midi, qui accompagnera sobrement de nombreux plats simples et goûteux comme des volailles grillées, un jarret de porc aux échalotes, une entrecôte béarnaise ou un rôti de bœuf au jus. Il peut aisément constituer le vin unique de tout un repas, sur une entrée de terrine de volaille, par exemple, et des brochettes variées ou une portion de lasagnes à la bolognaise. Sa souplesse s'harmonise assez heureusement avec les chairs fondantes et goûteuses d'abats comme le foie de veau ou les abattis de volailles.

Le mariage heureux
... avec un graves de vayres rouge :
- Jarret de porc aux échalotes cuit en cocotte.

D'une terrine de volaille (page de gauche) à des lasagnes à la bolognaise (ci-contre), un graves de vayres rouge accompagnera agréablement tout un repas.

Vin de midi par excellence, le Château Lesparre conjugue simplicité et générosité.

GRAVES SUPÉRIEURES

Moelleux

Château Magence
Château La Louvière (cuvée des Lions)

AOC depuis mars 1937
Superficie : 465 ha
Sols : graves garonnaises
Encépagement : sémillon, sauvignon, muscadelle
Rendement maximum autorisé : 50 hl/ha
Température de dégustation : 9 °C

1997
1990
1989
1976
1975

Voilà bien une appellation qui m'a toujours enthousiasmé ! Peu connue et ne bénéficiant pas, à mes yeux, de la renommée qu'elle mérite, elle produit pourtant, sur le terroir des graves classiques, des vins blancs moelleux fort intéressants que l'on n'hésitait pas, jusqu'en 1937, à classer avec les sauternes. Difficiles à dénicher, parce que l'appellation est devenue bien rare, les graves supérieures sont des vins d'amateurs par excellence, de ceux que l'on aime faire découvrir à ses proches lors d'une dégustation amicale « à l'aveugle ». Pourquoi ? Pour leur tendre un piège, bien sûr, mais aussi pour émerveiller leur palais !

Faute d'amateurs, et parce qu'ils connaissaient des difficultés à faire reconnaître leur savoir-faire, pourtant bien réel, les grands domaines de graves ont peu à peu abandonné les vins moelleux, qu'ils laissent aux châteaux de leurs voisins sauternais. C'est regrettable, car les graves supérieures – qui ne sont rien d'autre que des vins blancs moelleux élaborés sur les terroirs des graves – savent, lorsqu'ils sont bien faits, rivaliser avec des vins de plus grande renommée.

À Château Magence, le mot d'ordre est à l'élégance racée.

1986
CHATEAU
MAGENCE-MARAGNAC
GRAVES SUPÉRIEURES
APPELLATION GRAVES SUPERIEURES CONTROLÉE
GUILLOT DE SUDUIRAUT
PROPRIÉTAIRE A SAINT-PIERRE-DE-MONS (GIRONDE)
MIS EN BOUTEILLES AU CHATEAU

Le savoir-faire de Château Magence ne date pas d'hier. La propriété compte cinquante-cinq hectares au total et une superbe chartreuse, édifiée au début du XVIIIe siècle par Jean de Majence. Un vignoble de trente-sept hectares d'un seul tenant surplombe la Garonne sur une croupe silico-graveleuse. L'encépagement se répartit entre blancs (11 ha) et rouges (26 ha) et le Château est devenu l'une des grandes figures des graves avec ses blancs secs et ses rouges classiques régulièrement excellents. Du coup, l'élaboration des moelleux, prépondérants autrefois, est un peu passée au second plan. C'est dommage lorsque l'on sait que le blanc moelleux de Château Magence était naguère classé en sauternes. Aujourd'hui, la production en graves supérieures est très marginale, et peu de bouteilles parviennent jusqu'aux amateurs : le moelleux – l'année où il existe – vieillit ensuite en barriques pendant plusieurs années et n'est donc commercialisé que très tard.

Pour ceux qui, comme moi, ont la chance de débusquer un Château Magence 1986 (élevé en barriques jusqu'en 1993 !), le plaisir devrait être à la hauteur de la surprise. Dans sa robe vieil or et jetant des reflets couleur de laiton, le vin affiche des arômes intenses, très mûrs et confits, de fruits exotiques et de fruits du verger (pomme cuite), auxquels s'ajoute le parfum truffé conféré par l'âge. Complexe, flatteur, franc et rond, ce graves supérieures montre un équilibre exemplaire entre la sucrosité fruitée et une finale d'une fraîcheur étonnante, marquée par une pointe d'agrumes.

Le graves moelleux se marie à de multiples plats

Un millésime encore jeune – quatre ou cinq ans – accompagne bien entendu tous les fromages bleus, des poissons ou des coquillages cuits : marmite de fruits de mer ou velouté d'huîtres chaudes aux fèves.

Plus avancé en âge – un grand graves supérieures atteint sans risque une quinzaine d'années –, les associations sont plus réussies avec les viandes confites, les tourtes au gibier ou les préparations salé-sucré comme des filets mignons de porc aux raisins de Corinthe, qui rehausseront les touches exotiques du vin.

La chartreuse construite au XVIIIe siècle par Jean de Majence s'est transmise en ligne directe jusqu'à ce jour.

Le mariage heureux

... avec un graves supérieures :

- **Mousse de foie de volailles et salade, assaisonnée au vinaigre balsamique, de pousses de bambou et champignons de Paris émincés crus.**

Haut-Médoc

Rouge

Château Lestage Simon
Château d'Agassac
Château Camensac
Château Cantemerle
Château La Lagune
Château Lamarque
Château Sociando-Mallet
Château Soudars

AOC depuis novembre 1936
Superficie : 4 277 ha
Sols : graveleux
Encépagement : cabernet sauvignon, cabernet franc, merlot, carmenère, malbec, petit verdot
Rendement maximum autorisé : 48 hl/ha
Température de dégustation : 17 °C

1996
1990
1989
1986
1982

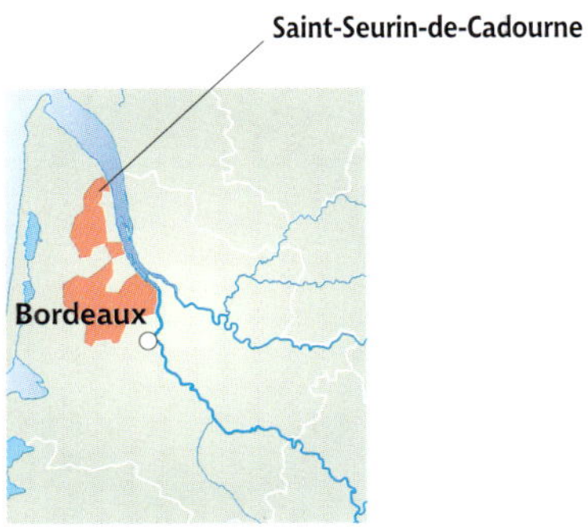

Page de gauche : *À Lestage Simon, la bâtisse a du charme mais tous les honneurs vont au vin.*

La zone d'appellation régionale des haut-médoc couvre une aire géographique très étendue dans la partie sud de la région Médoc proprement dite ; elle s'étend de Blanquefort, au sud, à Saint-Seurin-de-Cadourne, au nord. Cependant, toutes les prestigieuses appellations communales médocaines, de margaux à saint-estèphe, y sont totalement enclavées. Les haut-médoc, qui occupent une place intermédiaire dans la hiérarchie des vins médocains, sont proposés dans une large gamme de prix. Ils sont d'excellents compagnons des déjeuners entre amis, lors des journées fraîches du printemps ou de l'automne.

Souvent jugée hétérogène, l'appellation de haut-médoc a heureusement la chance de compter nombre de crus bourgeois très honorables, et cinq grands crus classés qui ont assuré sa notoriété : Château Belgrave, Château Camensac et Château Cantemerle en cinquième cru, Château La Tour-Carnet en quatrième cru et Château La Lagune en

Souvenir d'une « dégustation verticale » au domaine : Philippe Faure-Brac et Charles Simon déclinent le haut-médoc de Lestage Simon d'un millésime à l'autre.

troisième cru classé. Les haut-médoc réussis sont des vins généreux et solides, souvent austères dans leur jeunesse et bien adaptés au vieillissement. Le cabernet sauvignon, cépage médocain par excellence, occupe dans cette zone plus de la moitié des sols, alors qu'un tiers de ceux-ci seulement est dévolu au merlot. Les sols graveleux sont constitués de graves médocaines traditionnelles et donnent des vins rouges francs et robustes, dotés d'une belle finesse. Dans les millésimes les plus difficiles, il arrive que les appellations communales de plus haut niveau choisissent de déclasser leurs vins, qui sont alors commercialisés sous l'appellation de haut-médoc.

Classé cru bourgeois en 1932, le haut-médoc de Château Lestage Simon présente une vraie personnalité et se montre capable, en bien des occasions, de rivaliser avec des voisins plus connus. La quarantaine d'hectares du domaine se trouvent sur la commune de Saint-Seurin, tout de suite au nord de Saint-Estèphe. La propriété appartient à une famille auvergnate, les Simon, venus s'installer en Médoc au début du XIXe siècle. Elle est aujourd'hui exploitée avec une rigueur exemplaire par Charles Simon, un viticulteur qui aime vendanger à maturité et privilégier la structure de ses vins sains et corsés. Il a su aussi s'adapter à son terroir, et a pris le parti de planter plus de merlot que de coutume dans la région : du coup, si le merlot domine, il ne masque en rien les qualités d'un cabernet sauvignon parfaitement dosé. Les talents de Charles Simon lui ont d'ailleurs valu l'attention de nombreux chefs de restaurants de renommée exceptionnelle.

Les médoc méritent que l'on soit patient quelques années

Les haut-médoc que j'ai dégustés au domaine m'ont paru gras et onctueux ; chez les plus jeunes, la sévérité des tannins est compensée par l'ampleur et la générosité. Les millésimes les plus récents – 1998 et 1999 – font montre d'une évolution dans la texture et d'un raffinement encore plus grand. Un Lestage Simon 1981 m'a aussi rappelé, par ses arômes de feuilles de tabac et d'humus, ses notes de sous-bois et de truffe et ses tannins bien fondus, certain saint-julien de la même année…

Il faut savoir attendre pour déguster les haut-médoc, qui risquent, avant cinq ans, de paraître bien sévères. Dans un premier temps – jusqu'à l'âge de huit ans –, ils s'accommodent seulement de plats capables d'assouplir leurs tannins : je les aime sur des entrées

froides comme des terrines de volaille, des galantines de canard au foie gras par exemple, ou des fromages souples comme le rocamadour.

Plus âgés, de huit à douze ans, les haut-médoc préfèrent un plat chaud, comme un travers de porc rôti aux petits navets ; d'ailleurs, toutes les viandes rôties leur conviennent, assorties de pâtes fraîches aux légumes ; les volailles traditionnelles du Médoc – magrets de canard sur paillasson de pommes de terre, par exemple – ou même certains gibiers à plume, comme la bécasse ou le faisan, savent eux aussi mettre en valeur un haut-médoc d'âge moyen.

Au-delà, on peut dire que ces vins atteignent la maturité : ils s'ouvrent alors et se développent harmonieusement. Mais les haut-médoc ne craignent pas de vieillir, et on les appréciera beaucoup à l'âge de quinze ou vingt ans, sur une pintade au jus, servie avec des cèpes de Bordeaux.

Le mariage heureux

… avec un haut-médoc :

• Travers de porc rôti aux petits navets.

LALANDE DE POMEROL

Rouge

Château Bertineau Saint-Vincent
Château de Chambrun
Château Grand Ormeau
Château Haut-Chaigneau
Château de Viaud

AOC depuis décembre 1936
Superficie : 1 111 ha
Sols : argilo-graveleux, sablonneux, limoneux
Encépagement : merlot, cabernet sauvignon, cabernet franc, bouchet, malbec ou pressac
Rendement maximum autorisé : 42 hl/ha
Température de dégustation : 18 °C

1998
1996
1995
1990
1989
1985

Les vins de Château Bertineau Saint-Vincent sont élevés en barriques cépage par cépage, avant d'être assemblés.

Contiguë au vignoble de Pomerol qu'elle jouxte par le nord, l'appellation libournaise « lalande de pomerol » porte en son nom même sa chance et sa malchance : la chance de se voir dotée des syllabes magiques po-merol, la malchance de devoir les faire précéder de ce « lalande » qui, pour beaucoup, change tout. Les lalande de pomerol de qualité sont pourtant d'excellents vins rouges, très proches des pomerol et des saint-émilion, dont ils n'ont cependant pas la densité ; ils constituent une alternative de choix pour de vrais amateurs dotés de moyens plus modestes.

En lalande de pomerol comme en pomerol, la géologie est capricieuse et les terroirs bien difficiles à comprendre. Argilo-sableux, limono-graveleux, argilo-silico-limoneux : selon les parcelles, le terrain recèle des trésors propices à la viticulture, surtout lorsque s'y ajoute un paysage fortement vallonné. Le vignoble a démarré sous l'impulsion de moines dès le Moyen Âge, et l'appellation actuelle compte encore quelques propriétés dont l'origine remonte au XVe siècle. L'un des avantages du vignoble tient à son exposition abritée, qui permet de vendanger à temps des raisins bien mûrs : les vins y trouvent tout naturellement leur compte, faisant montre d'une rondeur et d'un velouté très agréables. Ils y gagnent également en structure, et voient ainsi leur potentiel de garde augmenter sensiblement. De toute façon, un bon lalande de pomerol mérite que l'on patiente une dizaine d'années avant de le boire.

Le mariage heureux
… avec un lalande de pomerol :
• Pastilla au pigeon.

Les lalande de pomerol sont des vins d'automne et d'hiver. Je les aime au déjeuner, parce qu'ils n'occasionnent aucune lourdeur. On a trop souvent tort de mépriser les lalande ; leur prix, plus accesible que celui de leur illustre voisin, doit inciter à les apprécier davantage. L'un de leurs usages les plus traditionnels consiste à les faire précéder un grand pomerol que l'on sert avec le plat principal. C'est une coutume qui a l'avantage de donner à un repas une unité de goûts très intéressante. Elle me paraît pourtant un peu restrictive, car je considère que déboucher une bouteille de lalande de pomerol est en soi synonyme de fête.
Vendangés à maturité, vinifiés dans le sens d'une recherche de la concentration, les lalande de Château Bertineau Saint-Vincent sont des exemples représentatifs des qualités de leur appellation. Le domaine, qui appartient au fameux œnologue bordelais Michel Rolland – également propriétaire de Fontenil, en fronsac, et du Bon Pasteur, en pomerol – a largement bénéficié des innovations et du savoir-faire de son propriétaire. Situé sur la commune de Néac, le vignoble de cinq hectares et demi est encépagé en merlot (75 %) et en cabernet franc (25 %). Les jus sont vinifiés séparément à Pomerol dans les chais de Château Le Bon Pasteur et assemblés après l'élevage en barriques.
Le Bertineau Saint-Vincent 1994, d'une couleur grenat soutenu, se révèle d'un équilibre remarquable : un nez floral de violette, des senteurs de fruits confits – écho du travail de tries successives pratiquées sur des raisins bien mûrs –, et au palais une explosion de saveurs en deux temps : on repère d'abord la rondeur, le soyeux, la finesse ; puis, après une courte pause, la densité, la nervosité et une énergie qui sont la preuve de l'élégance de l'élevage.

Un lalande de pomerol est une fête en soi

De nombreux plats raffinés peuvent accompagner un lalande de pomerol, mais le vin affiche sa préférence pour les alliances à la fois épicées et douces. Je l'apprécie sur certains mets exotiques : un canard laqué à la chinoise ou une pastilla au pigeon à la marocaine. De plus classiques cailles aux raisins font tout aussi bonne figure. Les volailles – une pintade au jus par exemple – sont dans l'ensemble bonnes compagnes d'un lalande. Comme son voisin de Pomerol, ce vin aime aussi la présence délicate de la truffe : l'un des accords les plus réussis pour un lalande est un plat de filets de rougets poêlés servis avec un riz à la truffe et une sauce confectionnée avec les foies des poissons. Mais le vin se trouvera parfaitement à son aise en compagnie d'un pâté de foie gras truffé en croûte. En revanche, peu de fromages conviennent au lalande de pomerol, et c'est avec un cantal jeune que je conseille de le servir.

***Page de droite** : Rondeur, soyeux, finesse : millésime après millésime, le lalande de Bertineau Saint-Vincent reste un pur joyau.*

CHATEAU
BERTINEAU St.-VINCEN
LALANDE-DE-POMEROL
Appellation Lalande-de-Pomerol Contrôlée
1995
des Domaines ROLLAND - Pomerol
MIS EN BOUTEILLES AU CHATEAU
PRODUCE OF FRANCE
1998
750 ml

Listrac-Médoc

Rouge

Château Clarke
Château Mayne Lalande
Château Ducluzeau
Château Fourcas Dupré
Château Fourcas Hosten

AOC depuis juin 1957
Superficie : 644 ha
Sols : graveleux ou argilo-calcaires
Encépagement : cabernet sauvignon, cabernet franc, merlot, carmenère, malbec, petit verdot
Rendement maximum autorisé : 45 hl/ha
Température de dégustation : 17 °C

1996
1990
1989
1986
1982

En plein centre du Médoc et à l'écart de l'estuaire de la Gironde, le vignoble de listrac, exclusivement situé sur la commune de Listrac-Médoc, constitue sans doute la moins connue – et la plus « difficile » – de toutes les appellations communales médocaines. Elle tire son originalité de sa proximité avec l'Atlantique, de sa spécificité géologique et de sa situation en lisière de landes de pins. Ses vins rouges, réputés plus rustiques que les margaux ou les saint-julien, montrent beaucoup de caractère ; leur prix généralement accessible et leur côté un peu intemporel en font des vins à boire en presque toutes circonstances.

La notoriété récente du listrac-médoc doit beaucoup aux efforts de Château Clarke.

Château
Clarke
Baron
Château
Clarke
Baron
Listrac-Médoc
Appellation Listrac-Médoc Contrôlée
1996
13% vol.
Produce of France

C'est le banquier Edmond de Rothschild qui a entièrement rénové les installations de Château Clarke, dotant la propriété de chais neufs.

On reproche souvent aux listrac leur astringence et leur dureté. Ils connaissent régulièrement, dit-on, des problèmes de maturité des raisins, dont on rend partiellement responsable la forêt toute proche. Il est certain que l'appellation produit des vins de style très différent selon l'exposition dont ont bénéficié les vignes, et le contexte géologique. En effet, on trouve sur la commune aussi bien des graves garonnaises ou pyrénéennes que des sols argilo-calcaires. Sur les premières, très caillouteuses, on plante de préférence des cépages mûrissant difficilement, comme les cabernets ou le petit verdot, qui vont tirer parti de la présence des pierres réchauffées par le soleil ; le second type de sol convient plutôt au merlot, qui donne aux vins davantage de soyeux. Longtemps tenue à l'écart de la réputation des grands vins du Médoc, l'appellation listrac a connu le tournant décisif de son histoire lorsque, au début des années soixante-dix, Edmond de Rothschild, propriétaire de Château Clarke, a décidé de faire de ce dernier un domaine exemplaire, que l'on considère aujourd'hui comme la « locomotive » de l'appellation. Si les listrac ont conservé la rusticité qui fait leur spécificité, ils ont beaucoup gagné en qualité générale ; l'apport accru du merlot a rompu l'austérité d'autrefois et permet d'obtenir des vins plus faciles à boire, malgré leur potentiel de garde.

Le Château Clarke tient son nom de la famille, originaire d'Irlande, qui acquit les terres au XVIIe siècle. Mais en 1973, lorsque le banquier Edmond de Rothschild décide à son tour d'en faire l'acquisition, le vignoble est depuis longtemps abandonné et le bâtiment principal a été démoli dans les années cinquante. Le nouveau propriétaire procède à des replantations, de 1974 à 1978, avant de construire de nouveaux bâtiments : un cuvier d'abord, un chai ensuite. Aujourd'hui, le Château Clarke compte quarante-cinq parcelles regroupées sur une surface totale de cinquante-cinq hectares. L'encépagement se

Des vins faciles à boire mais qui vieillissent bien

répartit en cabernet sauvignon (40 %) et merlot (60 %) sur des sols calcaires ou argilo-calcaires installés sur un sous-sol caillouteux. Vinifié de façon traditionnelle, le vin est ensuite élevé en fût de chêne pendant douze à seize mois. Le millésime 1996 du Château Clarke, d'une belle couleur rouge cerise sombre – preuve d'une extraction poussée –, offre un nez très médocain de fruits noirs écrasés, d'épices, de notes torréfiées évoluant du fruit sec grillé vers des arômes de café. La puissance du vin et l'expression des tannins se joignent à une patine raffinée qui donne au vin son équilibre. Encore jeune, ce vin gagnera à être bu dans quatre ou cinq ans.

Au Château Mayne Lalande, tout s'est joué, aussi, au début des années soixante-dix. Mais là, point d'investissements massifs ou de grandes ambitions affichées : l'actuel propriétaire, Bernard Lartigue, a seulement hérité de ses parents une modeste exploitation vouée à la polyculture. Son goût déterminé pour la vigne l'a conduit à abandonner tout autre type de culture et à constituer, au fil des ans, un domaine exclusivement viticole de seize hectares. Cette entreprise familiale, partie de rien, ou presque, est aujourd'hui unanimement reconnue comme un modèle d'équilibre entre tradition et modernité, et certains n'hésitent pas à dire que le Mayne Lalande, cru bourgeois, n'a rien à envier à certains crus classés. Un Mayne Lalande 1997 me paraît être un bon exemple du travail accompli dans ce château. Dans un millésime souvent moyennement réussi en listrac, ce vin présente une remarquable profondeur et un nez bien dense, dont la pointe végétale reste tout en nuances. Aux notes de fruits rouges du nez s'ajoute, en bouche, une touche de patine qui évoque le bois de cèdre. La fluidité du vin fait ressortir la qualité des tannins, et j'ai été frappé, lors de la dégustation, par l'équilibre de la « chair » du vin. Quant à l'astringence finale, elle ne manque pas de donner encore du relief à ce listrac racé.

Le mariage heureux
... avec un listrac-médoc :
• Cuisse de canard confite au vin de Listrac, écrasée de pommes de terre aux olives noires.

Comme la majorité des vins du Médoc, les listrac aiment faire patienter les amateurs avant de dévoiler leurs attraits. Il est préférable d'attendre au moins quatre ou cinq ans avant d'en déboucher une bouteille, et c'est entre cinq et dix ans qu'on en profite le mieux. Ces vins accompagnent avec bonheur la gastronomie typique du Sud-Ouest de la France : ils aiment les plats robustes, comme les magrets de canard cuisinés aux pruneaux, l'oie confite ou une pièce de bœuf braisée, servie avec une sauce à la moelle et accompagnée d'échalotes confites. Un bon listrac peut escorter un repas d'un bout à l'autre, ce qui se révèle un bel avantage lorsque l'on organise un dîner simple. On le servira aussi bien sur une entrée froide, comme une terrine de canard à l'orange, que pour accompagner un plat de viande en sauce. Et il ne souffrira pas à l'heure du fromage, quand il se montrera capable de tenir tête au caractère affirmé d'un livarot ou d'un pont-l'évêque.

Robustes et charpentés, les listrac-médoc aiment particulièrement les accords avec des viandes savoureuses relevées d'agrumes.

Loupiac

Liquoreux

Domaine du Noble
Château Mémoires
Château de Ricaud
Château Rondillon

AOC depuis septembre 1936
Superficie : 419 ha
Sols : argilo-graveleux et argilo-calcaire
Encépagement : sémillon, sauvignon, muscadelle
Rendement maximal autorisé : 40 hl/ha
Température de dégustation : 9 °C

1997
1990
1989
1976
1975

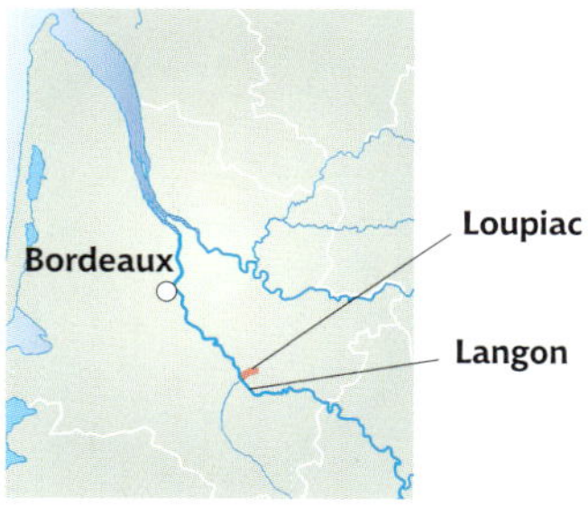

Entre Cadillac et Sainte-Croix-du-Mont, les coteaux de Loupiac font face au Sauternais. On y a planté beaucoup de sémillon destiné à élaborer des liquoreux, classiques dans cette zone. On reproche souvent aux loupiac de manquer de densité : je les trouve pourtant dans l'ensemble agréables et ronds, leur léger manque de matière leur permettant justement de s'adapter à de multiples emplois faciles, en particulier sur des desserts.

L'appellation de loupiac représente un peu plus de quatre cents hectares sur la seule commune du même nom. Soixante-dix producteurs y font aujourd'hui des vins blancs liquoreux, à la réputation bien établie ; cependant les vins de Loupiac sont renommés depuis le Moyen Âge. Je considère les loupiac comme de vrais liquoreux, d'une structure pas trop dense, mais souvent très suaves et généreux. On peut les goûter après trois ou quatre ans, néanmoins il vaut mieux attendre, pour les boire, dix ou quinze ans.
À Loupiac, le Domaine du Noble s'étend sur la partie la plus élevée des coteaux de l'appellation. Propriété de la famille Déjean depuis cinq générations, il regroupe quinze hectares de vignes âgées d'une quarantaine d'années. L'encépagement fait la part belle (85 %) au sémillon, indispensable pour les moelleux et les liquoreux, le reste (15 %) étant réservé au sauvignon, qui assure généralement aux vins plus de nervosité et de finesse. Le millésime 1990, que j'ai dégusté récemment, m'a paru d'un bon volume pour l'appellation.

Propriétaire du Domaine du Noble à Loupiac, Patrick Déjean est l'héritier de cinq générations au service de la vigne.

Ce vin fin et élégant, très liquoreux, n'est pas très expressif au nez ; au palais, en revanche, il laisse éclater sa suavité et sa rondeur, très agréables.

Agréables et ronds, les loupiac s'harmonisent délicatement avec tous les desserts

Comme tous les autres blancs moelleux, le loupiac est bon compagnon des fromages à pâte persillée. Cependant j'aime lui réserver des harmonies douces, salées ou sucrées, mais toujours savamment dosées. Un loupiac fait merveille, par exemple, avec certains crustacés. Évidemment, il n'est pas question de servir une langouste mayonnaise. Au contraire, le loupiac accompagne délicieusement un plat de langoustines ou de homard rôtis, servis chauds, avec une sauce à la vanille et du riz blanc : l'onctuosité de la sauce délicatement épicée répond aux notes de miel du vin, sans jamais l'affadir. Une omelette de la Mère Poulard, dans sa version sucrée, crée également une harmonie très réussie. Pourtant, c'est avec les desserts que j'apprécie le mieux un loupiac. Surtout lorsqu'il s'agit d'entremets à base de fruits secs ou de fruits exotiques confits, qui mettent en valeur les arômes de noisettes grillées du vin, ou encore de desserts glacés, par définition très sucrés, que la structure légère et la sucrosité accentuée du loupiac parviennent à accompagner avec bohneur.

Vacherin glacé à la mangue

Bistrot du Sommelier, Paris

Recette de Laurent Sturbois

Préparation : 30 mn
Cuisson : 1 h 30

Pour 4 personnes
1 mangue
4 blancs d'œufs
125 g de sucre semoule
125 g de sucre glace
1/2 l de sorbet à la mangue
1 citron
sirop de sucre
crème fouettée (facultatif)

Préparer 8 petites meringues rondes, pas trop épaisses. Pour cela, battre très fermes les blancs d'œufs avec les sucres. À l'aide d'une poche à douille, répartir le mélange sur du papier sulfurisé. Faire cuire à four très doux (th. 1-2, 80 °C) pendant 1 heure 30. Les meringues ne doivent pas se colorer.

Faire un coulis de mangue : prélever la chair du fruit, la mixer. Détendre avec 2 cuillerées à soupe de sirop de sucre. Ajouter un filet de citron.

Pour le montage

Dresser sur chaque assiette une meringue, poser dessus du sorbet à la mangue, recouvrir d'une deuxième meringue.

Décorer le tour du vacherin de crème fouettée, à l'aide d'une poche cannelée.

Verser sur l'assiette le coulis de mangue.

Le mariage heureux
… avec un loupiac :
• Vacherin glacé à la mangue.

Margaux

Margaux : le nom est mythique et l'appellation occupe le rang d'une star dans le firmament du ciel médocain. Sur les terres de galets du sud de la presqu'île du Médoc qui, jusqu'au XVIIe siècle, n'étaient couvertes que de landes pauvres et de champs de seigle, s'étend aujourd'hui un vignoble unanimement reconnu comme l'un des plus prestigieux du monde. L'appellation se concentre sur les pentes graveleuses qui encerclent les villages de Margaux, Soussans, Cantenac, Arsac et Labarde. Combles de raffinement, les vins rouges de margaux – dont le prix est à la hauteur du renom – apparaissent comme des nectars délicats que l'on n'a pas souvent l'occasion de goûter.

L'appellation margaux est certainement la plus originale du Médoc. La géologie y est particulièrement variée : on y trouve plus de galets encore que dans les autres appellations, et les sous-sols s'y révèlent tour à tour plutôt graveleux ou plutôt sablonneux. L'encépagement aussi diffère du reste du Médoc : on a planté en terre de margaux plus de mer-

Rouge

Château Palmer
Château Brane-Cantenac
Château Cantenac-Brown
Château Durfort-Vivens
Château Labégorce Zédé
Château La Gurgue
Château Margaux
Château Monbrison
Château Rauzan-Segla
Château Siran

AOC depuis août 1954
Superficie : 1 355 ha
Sols : graves
Encépagement : cabernet sauvignon, cabernet franc, merlot, carmenère, malbec, petit verdot
Rendement maximum autorisé : 45 hl/ha
Température de dégustation : 18 °C

1996
1995
1990
1989
1986
1982
1978
1970

***Page de gauche** : La réputation de margaux ne doit rien au hasard ; ici, les vins de Château Palmer attendent patiemment dans un chai aux proportions majestueuses.*

Dans les chais de Château Palmer s'élabore un vin prestigieux, millésime après millésime.

Page de droite :
Les propriétaires successifs de Palmer ont voulu pour leur château la grandeur qui convient à un vin d'exception.

lot que partout ailleurs dans la presqu'île. L'histoire des grands châteaux, souvent malmenée par les aléas de la grande Histoire, a également laissé des traces et, à Margaux, les parcelles de vignes des divers domaines s'entremêlent. Mais les margaux se distinguent surtout des autres médocs par leur style : soyeux, élégants, aériens, les vins évoquent une dentelle. À Margaux, on n'est pas loin du paradoxe : les vins y concilient avec un rare bonheur la souplesse du merlot et la robustesse d'une structure typiquement médocaine. Le prestige de l'appellation tient aussi à son fleuron le plus célèbre, le Château Margaux, classé parmi les premiers crus depuis 1855. Mais il y a, autour de ce seigneur, beaucoup de châteaux extraordinaires : Brane-Cantenac et Boyd-Cantenac, Cantenac-Brown et Marquis d'Alesme-Becker, Dauzac, Palmer et bien d'autres, puisque margaux ne compte pas moins de vingt et un crus classés.

Du fait même de sa diversité, margaux constitue une appellation assez difficile à définir ; elle n'a d'ailleurs fait l'objet d'un décret d'appellation qu'en 1954, bien après les autres terroirs du Médoc. Aujourd'hui, les margaux forment une élite, dont le prix est proportionnel à la rareté ; autant dire qu'ils sont très chers, et qu'on ne boit pas de ces vins tous les jours, surtout si l'on sait qu'il faut les laisser vieillir longtemps : un margaux peut s'apprécier dès l'âge de dix ans, mais, dans un bon millésime, il atteint sans complexe la quarantaine.

Vins mythiques, les margaux donnent de la classe aux grandes occasions

Tout proche du Château Margaux, le Château Palmer est certainement l'un des domaines que j'affectionne particulièrement dans cette appellation. L'histoire de Palmer se confond à bien des égards avec celle du Médoc : par ses origines, par les rapports étroits entretenus avec l'Angleterre, par le choix des cépages, par l'histoire compliquée des changements de propriétaires... Le vignoble qui est aujourd'hui celui du château date du début du XVIIIe siècle. Les « clarets » qu'on en tirait partaient pour l'Angleterre, qui regorgeait alors d'amateurs de vins de Bordeaux. La propriété tient d'ailleurs son nom d'un officier anglais, le major général Palmer, qui, arrivé en Aquitaine à la suite de Wellington, décide en 1814 d'acquérir un domaine des environs de Margaux, le château de Gascq. Le général entreprend très vite de se constituer un vignoble magnifique, en rachetant çà et là des parcelles sur les meilleures buttes de graves : ce sera le Château Palmer. Reprise par le banquier Pereire en 1853 après la faillite de Palmer, la propriété reste aux mains des héritiers Pereire jusqu'à l'arrivée du phylloxéra et la crise de 1929 qui fait chuter dramatiquement le marché du vin. En 1938, cinq négociants bordelais s'associent pour racheter le domaine et fondent la Société du Château Palmer. Aujourd'hui, la SCI Château Palmer

CHATEAU
MER
MARGAU
CONTRO
AU CHAT

se partage entre différentes familles. Bertrand Bouteiller, l'un des copropriétaires, assure la gérance de la propriété. Les cinquante hectares en production, très disséminés, sont plantés en quantité presque égale de cabernet sauvignon (47,5 %) et de merlot (47 %), le petit verdot (5,5 %) venant compléter l'encépagement. C'est

Une texture soyeuse typique de l'appellation margaux

À Palmer, le vin est à l'image du château : il en a l'assise et la structure, la diversité et l'élégance. Il fait preuve, millésime après millésime, d'une régularité dans la qualité qui ne se dément jamais. J'ai encore au palais le souvenir d'un Palmer 1961 absolument sublime... Velouté, finesse, longueur, subtilité, douceur : tout concourt à faire de Château Palmer un vin d'exception. Parmi les millésimes récents, j'ai dégusté un Palmer Réserve du Général 1997, dont c'était le dernier millésime sous ce nom : depuis 1998, il se nomme Alter Ego. D'une couleur grenat très chatoyante, il exhalait un parfum de fruit encore frais associé à des notes florales prononcées de violette et à une touche de boisé, avec une texture soyeuse assez typique de l'appellation margaux.

Que servir avec un margaux ? Toutes les viandes rouges conviennent, à condition d'être préparées de manière à s'accorder avec le toucher velouté du vin : une côte de bœuf au gros sel et à la moelle forme une alliance qui s'harmonise très bien avec le margaux. Si l'on veut insister sur le côté à la fois dense et lisse du margaux, on peut se tourner vers un poisson comme une lamproie à la bordelaise, avec sa sauce au vin rouge, ses poireaux et ses échalotes confits. Mais d'une façon générale, le margaux s'accorde très bien avec tous les oiseaux : des volailles raffinées – pintade rôtie aux épices douces (quatre épices, par exemple) ou petite caille rôtie au jus –, ou du petit gibier à plume – perdreau ou pigeon. Le margaux ne ressemble guère aux autres vins du Médoc : au moment du fromage, il n'apprécie pas la compagnie des textures serrées et préfère la pâte crémeuse d'un brillat-savarin, d'un pierre-robert ou d'un saint-nectaire fermier.

Dans cent jours, on vendange. La période de la fleur représente un repère essentiel dans le cycle végétatif de la vigne.

Le mariage heureux
... avec un margaux :
• Caille rôtie au jus, tartine aux abattis de volaille, galette de blé soufflé.

Médoc

Rouge

Château Rollan de By
Château Les Grands Chênes
Château Les Ormes Sorbet
Château Loudenne
Château Noaillac
Château Ramafort

AOC depuis novembre 1936
Superficie : 4 822 ha
Sols : graves
Encépagement : cabernet sauvignon, cabernet franc, merlot, carmenère, malbec, petit verdot
Rendement maximum autorisé : 50 hl/ha
Température de dégustation : 17 °C

1996
1990
1989
1986
1982

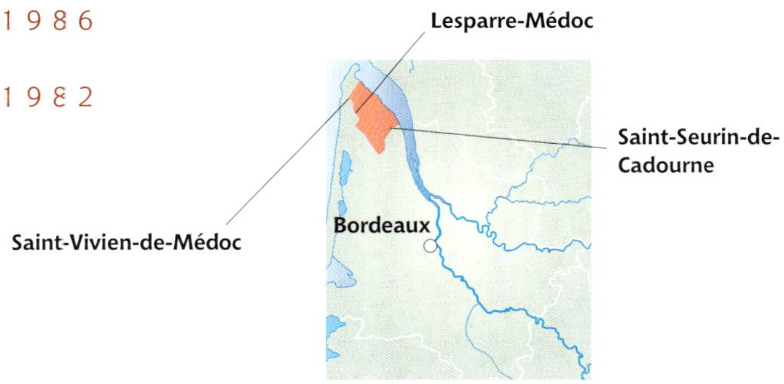

Sur le plan géographique, le nom de Médoc désigne le triangle compris entre la rive gauche de l'estuaire de la Gironde et l'océan Atlantique. L'appellation médoc, elle, ne correspond qu'à la partie septentrionale de cette zone, parfois désignée sous le terme de Bas-Médoc, au nord du village de Saint-Seurin-de-Cadourne. La région, venue tardivement à la viticulture, après l'assainissement (au XVIIe siècle) de ces terres gorgées d'eau, produit des vins rouges charnus et austères. Généralement plus rustiques que les haut-médoc, ces vins concentrés, tanniques dans leur jeune âge, peuvent être servis tout au long d'un repas – déjeuner de famille ou dîner amical –, surtout en saison fraîche.

C'est au XVIIe siècle que les bourgeois de Bordeaux ont commencé à s'intéresser au Médoc ; ce sont eux qui ont créé ces domaines viticoles sur des terres récemment drainées et ont construit un peu partout les châteaux, modestes ou grandioses, qui font la richesse du paysage médocain. L'appellation de médoc – au bas de la hiérarchie des vins de la région – a été laissée de côté lors du classement des bordeaux, au XIXe siècle, et fait montre de nos jours d'une certaine hétérogénéité. Elle ne compte aucun cru classé, mais ses crus bourgeois en grand nombre présentent souvent des vins très honorables, dotés d'un bon potentiel de garde, que l'on gagne à attendre au moins quatre ou cinq ans, pour leur laisser le temps de fondre leurs tannins. Aujourd'hui, les médoc ont trouvé

MÉDOC
CHATEAU
Rollan de By
CRU BOURGEOIS
APPELLATION MÉDOC CONTROLÉE
Alc.12% by vol.
1995
750 ml.
MIS EN BOUTEILLE AU CHATEAU
VIN ROUGE
RED BORDEAUX WINE
Jean GUYON propriétaire
33340 BEGADAN - MEDOC
PRODUIT DE FRANCE
PRODUCT OF FRANCE

Le mariage heureux
... avec un médoc :
• Terrine de canard aux champignons des bois.

La suggestion de Château Rollan de By :
• Confit de canard aux cèpes.

des amateurs qui apprécient leurs qualités – et leur prix, bien plus accessible que celui des appellations communales.

Le cabernet, traditionnellement majoritaire en Médoc, donne aux vins leur structure, mais aussi leur sévérité. Le goût moderne a cependant encouragé beaucoup de viticulteurs à augmenter la proportion de merlot dans leurs assemblages, pour obtenir des vins plus souples et plus rapidement prêts à boire. Le Château Rollan de By, classé cru bourgeois, est un domaine moderne constitué, à partir de 1989, par un architecte d'intérieur grand amateur de vins. Passionné par la viticulture, Jean Guyon n'a pas hésité à bousculer quelque peu la tradition médocaine. Son vignoble totalise à présent vingt-deux hectares situés sur la commune de Bégadan, l'un des meilleurs secteurs du Bas-Médoc. L'encépagement donne la priorité au merlot (70 % des vignes), tandis que cabernet sauvignon (20 %) et petit verdot (10 %) sont largement minoritaires. Le domaine a la chance de posséder des parcelles sur des pentes différentes, cumulant ainsi des terroirs typiques du Médoc – graves argileuses – et des terrains sablonneux filtrants sur lesquels sont plantées des vignes très anciennes (cinquante ans).

Bien conseillé, bien entouré, Jean Guyon a voulu pour son vignoble des techniques de vinification modernes. Jamais à court d'idées – et jamais empêtré dans le respect des savoir-faire ancestraux –, il a ainsi imaginé de conduire la fermentation des moûts dans des cuves d'un genre nouveau : au lieu de la classique cuve cylindrique en hauteur, il a préféré faire réaliser sur mesure des cuves très larges et plutôt plates ; l'idée maîtresse concernait la macération des raisins : en augmentant la surface de contact entre les peaux (qui remontent à la surface) et les jus de raisin, Jean Guyon a obtenu une extraction bien plus poussée. Une autre idée originale

Accord traditionnel du Bordelais : les champignons, et en particulier les cèpes de Bordeaux, mettent en valeur la charpente robuste des médoc tout en adoucissant la rudesse de leurs tannins.

concerne l'après-fermentation : normalement, le vin connaît deux phases de fermentation (alcoolique et malolactique) avant d'être sorti des cuves. Au Château Rollan de By, au contraire, il est conservé (avec précaution !) sur lies pour une macération post-fermentaire très longue, échelonnée sur quatre ou cinq mois. L'élevage en barriques intervient seulement à l'issue de cette étape.

Des techniques de vinification modernes au service d'une plus grande qualité

Cette méthode de vinification totalement expérimentale constitue un exemple unique pour des vins rouges. Le résultat de cette recherche se voit dans la coloration du vin – un rouge bien marqué – et sa superbe brillance. La méthode permet d'indéniables gains : elle accentue autant le fruité du vin que son soyeux, et les tannins apparaissent bien enrobés. Je souligne toutefois que cette approche très technologique de la vinification ne s'est pas faite au détriment du terroir, et que le cru bourgeois de Rollan de By est un exemple réussi de médoc équilibré, gras et rond.

Les alliances que nouent les médoc avec des mets sont, comme souvent, fonction de leur provenance et de leur âge. Pour un simple médoc, il faudra jouer plutôt sur les possibilités très variées de ce vin d'un prix abordable, qui peut accompagner tout un repas : depuis des entrées de terrines de viande ou de champignon jusqu'aux grillades de bœuf ou d'agneau. Certains poissons de rivière, tel le sandre beurre rouge, s'accommodent aussi fort bien d'une sauce au médoc, mais il est préférable dans ce cas de choisir un médoc assez jeune et dans lequel la part de merlot est importante.

Simples ou sophistiqués, les médoc s'accordent à des mets de toutes sortes

Tous les médoc un peu rustiques conviennent aux plats simples, presque « paysans », comme une potée, des saucisses préparées avec des lentilles et de robustes ragoûts. Pour un cru bourgeois, on peut s'orienter vers des plats plus fins : la texture et le potentiel de garde de ces vins le permettent.

J'aime ces médoc lorsqu'ils ont entre cinq et dix ans ; ils sont alors de parfaits partenaires pour le gibier à plume préparé avec une sauce au vin qui adoucit les tannins médocains : un pigeon ou un canard colvert cuisiné avec des lentilles réchauffées dans de la graisse de canard, avec une réduction de vin rouge, d'ail et d'échalotes confits. Pour les fromages, les médoc préfèrent – comme les autres vins des appellations limitrophes – la pâte ferme et dense d'une mimolette ou d'un vieil édam.

Poujeaux
APPELLATION MOULIS
1989

*M*OULIS

Rouge

Château Poujeaux
Château Brillette
Château Chasse-Spleen
Château La Mouline
Château Maucaillou

AOC depuis mai 1938
Superficie : 557 ha
Sols : graves garonnaises, terrains argilo-calcaires, terrains calcaires selon les pentes
Encépagement : cabernet sauvignon, cabernet franc, merlot, malbec, petit verdot
Rendement maximum autorisé : 47 hl/ha
Température de dégustation : 17 °C

1996
1990
1989
1986
1982

Avec ses quelque cinq cent cinquante hectares, Moulis forme la plus petite des appellations du Médoc. Toute proche de celle de listrac-médoc, elle s'en distingue cependant par une situation géographique plus favorable, et une géologie variée qui fait alterner croupes graveleuses et plateau argilo-calcaire drainant. Les vins, très proches des listrac, possèdent une élégance et une finesse dont sont souvent dépourvus ces derniers, et se hissent, dans les meilleurs cas, au niveau de certains margaux. Ce sont d'excellents classiques du Médoc, que l'on déguste avec plaisir quelle que soit la saison.

Coincées entre les appellations de listrac, de margaux, de saint-julien et de médoc, les terres de Moulis-en-Médoc composent une bande longue d'une dizaine de kilomètres sur seulement quelques centaines de mètres de large. L'appellation ne compte aucun cru classé, mais plusieurs crus bourgeois de très haut niveau – parmi lesquels le célèbre Château Chasse-Spleen ou le Château Poujeaux – qui produisent des vins riches, concentrés et fins. Ils sont généralement jugés durs et tanniques dans leur jeunesse ; mais si l'on sait patienter, on sera récompensé en découvrant, après cinq, dix ou même quinze ans (pour les meilleurs millésimes) d'attente, des vins racés qui présentent une texture à la fois dense et veloutée, capables de s'imposer naturellement aux côtés de plats de caractère.
Le Château Poujeaux constitue l'un des domaines historiques de cette zone du Médoc.

Au XVIe siècle, il n'était encore que l'une des dépendances de l'actuel Château Latour. Les péripéties de l'Histoire le firent passer de main en main avant qu'il ne soit divisé en trois au début des années vingt. La famille Theil, qui en est toujours propriétaire, acquit l'un des tiers à cette époque. Aujourd'hui, le vignoble occupe cinquante-deux hectares sur des croupes de graves classiques et le Château Poujeaux est certainement devenu le chef de file de son appellation. Une place d'honneur est réservée au cépage cabernet sauvignon (50 %), considéré comme le plus représentatif de l'esprit médocain traditionnel. Le merlot (40 % des vignes) apporte aux vins leur rondeur, tandis que petit verdot et cabernet franc couvrent des superficies identiques (5 % chacun). Ces proportions se retrouvent d'ailleurs dans les assemblages de ce vin à la fois corsé et fin, de couleur profonde, au nez élégant et à la texture soyeuse, qui nécessite sept ou huit ans de vieillissement avant de laisser apprécier toutes ses qualités.

« Vins de plats », les moulis affectionnent en particulier les sauces riches

Le Poujeaux 1996 offre une belle couleur grenat pourpré, déjà marquée par une pointe d'évolution. Ce vin généreux, doté de beaucoup de « larme », présente au nez des arômes fumés, boisés, épicés, qui allient le bois et le graphite et rappellent la mine d'un crayon bien taillé. En bouche, l'attaque est pleine et généreuse, avec une bonne ampleur. J'aime ce moulis pour la qualité de son harmonie et sa belle complexité : les tannins sont justes et le fruit – cassis, mûre – s'assortit à une touche terrienne, presque argileuse, qui évoque pour moi un travail de poterie. L'ensemble est très franc et remarquablement homogène.

Comme les listrac, les moulis sont de remarquables « vins de plats » qui affectionnent les sauces riches dont la texture rappelle, au palais, le velouté du vin. Ils me plaisent particulièrement aux côtés des grands classiques de la cuisine française : une daube de bœuf, un quasi de veau rôti, un gigot d'agneau aux flageolets, du civet de chevreuil ou de sanglier. C'est alors que leurs arômes puissants et leur boisé s'expriment le mieux. Ce sont des vins qui ne craignent pas la forte présence de l'ail, par exemple, mais qui s'harmonisent avec beaucoup de distinction à quelques copeaux de truffe blanche. Un moulis accompagne bien un fromage à la texture serrée, comme une mimolette étuvée. J'aime aussi servir un vieux millésime de Château Poujeaux, avec ses délicieuses notes cacaotées, sur un dessert au chocolat : un fond de tarte sablée couvert d'une ganache au chocolat, arrosé d'un coulis de fruits rouges.

Le mariage heureux
… avec un moulis :
• Quasi de veau rôti caramélisé aux pruneaux, riz de Camargue.

Page de droite : *Les arômes de mûres et de cassis du moulis, souvent dotés d'une touche légèrement cacaotée, se marient très bien avec le chocolat et les fruits rouges.*

Pauillac

La commune de Pauillac constitue le cœur du Médoc, au sens propre (de par sa situation géographique centrale) et au sens figuré (parce qu'elle représente en quelque sorte la capitale des vignobles médocains). Appellation communale riche en crus classés, la terre des pauillac donne des vins rouges de très grande classe et de très grande garde, dont je dis fréquemment qu'ils sont parmi mes vins préférés – élégants et charpentés, distingués et puissants à la fois. Leur structure massive oblige à les attendre longtemps avant de pouvoir les déguster à l'occasion d'un repas de fête.

Rouge

Château Mouton Rothschild
Château Pichon-Longueville
Château Haut-Batailley
Château La Bécasse
Château Lafite-Rothschild
Château Latour
Château Lynch-Bages
Château Pichon Longueville-Comtesse de Lalande

AOC depuis novembre 1936
Superficie : 1 170 ha
Sols : graves profondes
Encépagement : cabernet sauvignon, cabernet franc, merlot, carmenère, malbec, petit verdot
Rendement maximum autorisé : 45 hl/ha
Température de dégustation : 18 °C

1996
1990
1989
1986
1982

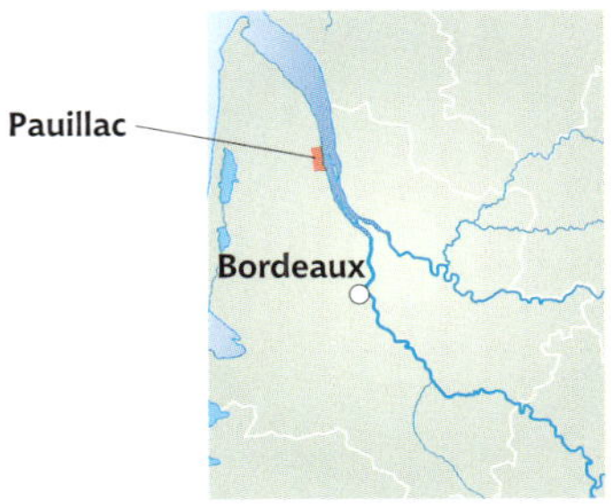

Page de gauche :
À Pichon-Longueville, le vignoble, qui s'étend jusque devant le château, est tout proche des terres de l'appellation saint-julien : c'est ce terroir magnifique qui donne leur classe aux vins de Pichon-Longueville.

MIS E BOUTE
MOUTO OTHSC
CHAT

Dans le Médoc, les appellations communales s'enchevêtrent souvent, et certaines possèdent des parcelles situées sur la commune voisine. Le vignoble des pauillac jouxte les terres de Saint-Estèphe, au nord, et celles de Saint-Julien, au sud ; il occupe des croupes graveleuses réparties sur cinq communes (Pauillac, Cissac, Saint-Julien, Saint-Estèphe et Saint-Sauveur). Mais le petit port de Pauillac reste le centre actif de tout le Haut-Médoc.

L'appellation a la chance d'être gâtée en crus classés qui ont depuis un siècle et demi assuré sa notoriété. Premier d'entre tous, le Château Latour, à l'extrémité sud-est de l'appellation, est universellement connu et mérite, depuis 1855, le rang de premier cru

Les vins de pauillac sont un des joyaux du Bordelais

classé. Il partage ce privilège avec deux autres châteaux de Pauillac, Lafite-Rothschild et Mouton Rothschild. Mais l'appellation réunit dix-huit autres propriétés reconnues comme des crus classés ! C'est dire si les pauillac ont une réputation solidement établie. Ils représentent une sorte de quintessence des vins médocains. Aromatiques, expressifs, concentrés, dotés de beaucoup de « mâche », charnus, riches, denses, raffinés, puissants : les adjectifs ne manquent pas pour tenter de définir ces joyaux du Bordelais qui font preuve d'une très belle aptitude au vieillissement. Il faut reconnaître qu'à Pauillac, les cépages cabernets – franc ou sauvignon – occupent plus des trois quarts des terres à vignes ; ce sont eux qui offrent aux pauillac – surtout lorsqu'il s'agit de crus classés – leur remarquable charpente. En contrepartie, ces vins demandent à vieillir dix ans, au moins : c'est le temps qu'il faut à leurs tannins fort agressifs pour se fondre élégamment. Mais alors, quelle récompense ! Les notes épicées, cacaotées, torréfiées se mêlent aux arômes de fruits noirs – cassis et mûres – des cabernets, donnant aux pauillac un raffinement singulier. Les pauillac sont pour moi des vins de sensations pures, des concentrés de plaisir. Leur prix extrêmement élevé oblige évidemment à les réserver à des occasions exceptionnelles.

Il est bien difficile de choisir une propriété parmi tous les grands châteaux de Pauillac. J'en ai finalement retenu deux des plus célèbres, non à cause de leur renommée, mais parce qu'ils me paraissent résumer l'essentiel des grandeurs du pauillac. Le Château Pichon-Longueville – deuxième cru classé – a longtemps appartenu à une grande famille aquitaine, les Pichon, connue depuis le Moyen Âge. Les Pichon, barons de Longueville, habitèrent même le château jusque dans les années trente. Depuis 1987, c'est le groupe d'assurances Axa qui en est le détenteur. Les nouveaux propriétaires ont pu restaurer les bâtiments et se doter d'équipements modernes. Le vignoble de Pichon-Longueville s'étend sur une soixantaine d'hectares entre Saint-Julien et Pauillac. Le nouveau chai ras-

Concentration et matière sont les atouts principaux des vins de Pichon-Longueville.

Page de gauche :
Le vignoble de quelque quatre-vingts hectares permet au Château Mouton Rothschild de commercialiser trois cent mille bouteilles du premier vin.

semble quelque deux mille barriques, et le cuvier quarante cuves... Mais c'est le terroir magnifique, voisin des terres de Château Latour, qui donne aux vins de Château Pichon-Longueville leur complexité, leur classe et leur richesse. La propriété commercialise également un second vin, Les Tourelles de Longueville, en appellation pauillac lui aussi.

Au fil du temps, le style des vins de Pichon-Longueville a évolué. Il se caractérise actuellement par des vins extrêmement denses et colorés. Concentration et matière en sont les atouts principaux, aux côtés de tannins puissants, parfaitement maîtrisés, qui donnent au nez des impressions fumées, toastées, empyreumatiques. En bouche, le soyeux des Pichon est la marque des très grands châteaux dont les terres se situent entre pauillac et saint-julien, et l'on retrouve les notes de cassis mûr et de cacao qui sont la signature des vins de ce terroir.

Une alliance rare entre intensité et raffinement

Le Château Mouton Rothschild – premier cru classé depuis 1973 – appartient à l'autre secteur de l'appellation, plus au nord de la commune de Pauillac. Le vignoble de près de quatre-vingts hectares, de nos jours propriété du GFA Baronne Philippine de Rothschild, a

Un gigot d'agneau de sept heures en croûte : une autre manière de préparer ce plat succulent.

Gigot d'agneau de Pauillac, cuisson de sept heures

Relais & Châteaux Cordeillan-Bages

Recette de Thierry Marx

Préparation : 10 mn + 30 mn
Cuisson : 7 h

Pour 5 personnes
1 petit gigot
100 g de jarret de porc
125 g de ventrèche
1 petit chou
125 g de haricots blancs frais
500 g de pommes de terre
100 g de carottes
1 tête d'ail, thym, laurier
4 oignons
1 gros bouquet garni
1 branche de céleri
huile, beurre
sel, poivre noir en grains
1 bouteille de bon vin rouge

Faire revenir le gigot dans une cocotte allant au four. Ajouter l'ail, un oignon, la moitié de la ventrèche la moitié du jarret.

Mouiller avec le vin rouge et un peu d'eau. Ajouter la moitié du bouquet garni. Couvrir et mettre au four (th. 4, 150-160 °C) ou, mieux, dans une cheminée pendant 7 heures.

Pendant ce temps, dans une autre cocotte, faire revenir 2 oignons, une feuille de laurier et du thym, les carottes coupées en rondelles et la branche de céleri. Ajouter les pommes de terre mouillées avec un peu de jus de cuisson de l'agneau. Saler, poivrer. Mettre au four pendant pendant 35 à 40 minutes.

Faire cuire les haricots blancs dans un peu d'eau salée.

Couper le chou en quatre et le blanchir. Égoutter. Dans une cocotte, le faire revenir au beurre avec un oignon.

Ajouter les haricots blancs, le reste du bouquet garni, de la ventrèche et du jarret. Mouiller avec un peu d'eau et de jus de cuisson de l'agneau. Couvrir jusqu'à cuisson complète et garder chaud.

À la fin de la cuisson de l'agneau, disposer tous les ingrédients dans un grand plat en terre. Poser délicatement le gigot par-dessus, en le manipulant avec précaution car il est devenu très fragile. Garder au chaud.

Faire réduire la sauce et en napper abondamment le plat.

Le mariage heureux

... avec un pauillac :

- Gigot d'agneau des Pyrénées, cèpes poêlés à l'ail, gratin de pommes de terre.

Exubérante, gracieuse, colorée, l'étiquette de Mouton Rothschild de 1997 dessinée par Nilci de Saint-Phalle.

Page de droite : *Le Château Mouton Rothschild prit son essor au début du XXe siècle, sous l'impulsion du baron Philippe de Rothschild. Mais il fallut attendre 1973 pour que son vin soit enfin reconnu comme un premier cru classé.*

été acquis par la branche anglaise de la famille Rothschild au milieu du XIXe siècle. Mais le domaine prend son extraordinaire essor au siècle suivant, sous l'impulsion du baron Philippe de Rothschild. Le vignoble fait la part belle au cépage cabernet sauvignon (78 % des vignes) et produit trois cent mille bouteilles annuelles du premier vin, le Château Mouton Rothschild. Depuis 1945, date de la Libération, les étiquettes sont chaque année dessinées par un artiste contemporain : le château a ainsi réuni une collection d'œuvres originales signées de noms prestigieux, de Chagall à Balthus ou de Picasso à Tàpies. Un second vin est commercialisé sous le nom de Petit Mouton de Mouton Rothschild, tandis que les propriétaires exploitent d'autres châteaux également classés comme le Château d'Armailhac ou le Château Clerc Milon – tous deux cinquièmes crus classés en appellation pauillac.

J'ai dégusté simultanément un Mouton Rothschild 1997 et un d'Armailhac 1996. Tous deux sont travaillés dans le même esprit, avec une densité de couleur identique, dans des tons grenat-cerise, et des arômes tout en subtilité et en élégance. En bouche, on retrouve la puissance tannique propre à l'appellation et cette nuance chocolatée au palais, typique de bien des pauillac. Les deux vins sont pour moi synonymes de cette alliance rare entre l'intensité des pauillac et le raffinement de leurs crus. Leur belle vitalité fait écho à une texture racée : ils sont en quelque sorte des exemples parfaits d'exubérance contrôlée.

L'âge du vin est une règle d'or à observer pour réussir des accords mets-vins

Je ne crois pas que les pauillac exigent la présence de mets très recherchés : ils se suffisent à eux-mêmes, pour ainsi dire. Ils préfèrent les viandes fondantes et simplement rôties au four. La tradition qui affirme que le pauillac est le vin de l'agneau me paraît tout à fait juste. La seule règle à observer concerne l'âge du vin : avant dix ans, il est si puissant et tannique qu'il affadit tous les plats. À maturité, il accompagne un gigot de sept heures ou même un carré d'agneau aux cèpes pour un repas dominical un peu formel. On ne peut pourtant réduire le pauillac à cet usage : un filet de bœuf en croûte servi avec une duxelle de champignons, une gigue de chevreuil aux marrons figureront magnifiquement à ses côtés. Il faudra tout de même se méfier de la plupart des fromages, et seul un brebis des Pyrénées – par exemple un fromage de l'abbaye de Belloc – supportera la présence d'un pauillac.

CHATEAV
SMITH HAVT LAFITTE

Pessac-Léognan

Dans son parc centenaire, le château Pape Clément.

Blanc

Château Smith Haut Lafitte
Château Couhins-Lurton
Château Haut-Brion
Château La Louvière
Château Latour-Martillac
Château Laville Haut-Brion
Château Pape Clément
Domaine de Chevalier

1996
1995
1990
1989
1985

AOC depuis septembre 1987
Superficie : 280 ha
Sols : graves argilo-calcaires
Encépagement : sémillon, sauvignon (25 % minimum), muscadelle
Rendement maximum autorisé : 48 hl/ha
Température de dégustation : 10 °C

Rouge

Château Pape Clément
Château Haut-Bergey
Château de Fieuzal
Château de France
Château Haut-Bailly
Château Haut-Brion
Château La Louvière
Château La Mission-Haut-Brion
Château Malartic-Lagravières

1996
1990
1989
1985
1982

AOC depuis septembre 1987
Superficie : 1 040 ha
Sols : graves sur sous-sol calcaire
Encépagement : cabernet sauvignon, cabernet franc, merlot, carmenère, malbec, petit verdot
Rendement maximum autorisé : 45 hl/ha
Température de dégustation : 18 °C

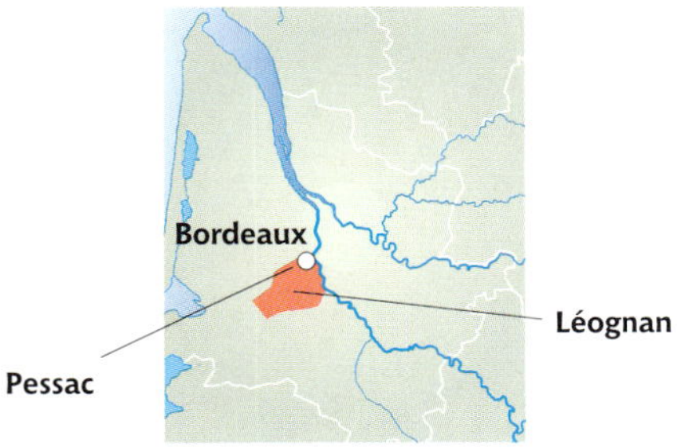

Page de gauche *: Isolés au milieu du vignoble, les bâtiments grandioses de Smith Haut Lafitte.*

Smith Haut Lafitte est l'une des plus anciennes propriétés du vignoble bordelais ; elle conserve de nombreux vestiges de son passé.

***Ci-contre** : Rouges ou blancs, les pessac-léognan de Smith Haut Lafitte sont marqués au sceau de la distinction.*

Le vignoble de la zone de Pessac et Léognan, qui se situe aux portes de Bordeaux en remontant la rive gauche de la Garonne, a longtemps fait partie de l'appellation graves, dont il ne s'est séparé qu'à la fin des années quatre-vingt en devenant une appellation communale. Il constitue en quelque sorte le meilleur de ce secteur – pour les vins rouges comme pour les blancs.

Pessac-léognan blanc

Un pessac-léognan blanc symbolise le bordeaux sec dans son excellence, sous sa forme la plus aboutie. D'une complexité aromatique très poussée, il mérite de figurer sur nos tables aux côtés de mets recherchés. Le secteur de Pessac réunit en effet tous les atouts qui favorisent les grands vignobles : des pentes raides, des croupes qui affleurent et des sols diversifiés et parfaitement drainés. Les cépages blancs du Bordelais trouvent tout naturellement matière à s'y exprimer avec élégance. Les amateurs le savent depuis fort longtemps, et cette partie historique du vignoble bordelais a toujours joui d'une excellente réputation.

Outre les caractéristiques géographiques et géologiques qui sont le propre de son terroir, un pessac-léognan blanc se distingue d'un graves par sa délicatesse aromatique. L'appellation intègre en son sein plusieurs crus classés, dont les plus connus sont sans aucun doute le Château Laville Haut-Brion et le Domaine de Chevalier. Le Château Haut-Brion blanc qui, contrairement au pessac-léognan rouge de ce domaine, n'est pas un cru classé, mérite certainement une mention particulière. Ces vins sont emblématiques de la tradition bordelaise : ils jouissent de la plus grande notoriété et appartiennent à la tradition la plus ancienne. Denses, très complets, charnus, ils acquièrent, lors de leur élevage en fût, un boisé distingué. Ce sont des vins de garde, qui peuvent être bus après dix ans de vieillissement, et qui demandent souvent à être servis en carafe, pour que l'oxygénation accrue du vin apporte encore davantage de complexité aromatique.

Smith Haut Lafitte, un renouveau spectaculaire

Le Château Smith Haut Lafitte produit du pessac-léognan rouge (grand cru classé) et blanc (non classé). L'histoire de la propriété en fait remonter l'origine au temps des Croisades, mais son nom vient de l'acquisition du domaine, au XVIIIe siècle, par George Smith, un navigateur d'origine écossaise. L'étiquette d'aujourd'hui conserve les traces de ce riche passé, avec les fleurs de lys sur

fond bleu roi et la lune couchée qui évoque le port de la Lune où Smith amarra son navire. Le rachat de Smith Haut Lafitte, en 1990, par Florence et Daniel Cathiard, a fait couler beaucoup d'encre. Ces deux sportifs de très haut niveau, qui ont appartenu à l'équipe de France de ski à la fin des années soixante, sont en effet tombés brusquement amoureux de cette merveille du Bordelais. Du jour au lendemain, ou presque, ces deux personnages passionnés et, on s'en doute, épris de vitesse, ont revendu toutes leurs affaires – en particulier une chaîne de magasins de sports – pour venir s'installer au cœur de cette propriété qu'ils ont entrepris de rénover totalement – en prenant la précaution de s'entourer des meilleurs œnologues. Dix ans plus tard, les résultats dépassent les espérances : la tour du XVIe siècle et la chartreuse du XVIIIe ont été rénovées ; de nouveaux chais ont été bâtis ; le travail de viticulture a été entièrement repensé. Surtout, le vin a progressé de manière spectaculaire, retrouvant rapidement son niveau d'antan et faisant taire les mauvaises langues qui prédisaient trop vite la fin de cette gigantesque entreprise de restructuration. À côté des quarante-cinq hectares de vignoble rouge, Smith Haut Lafitte compte dix hectares de pessac-léognan blanc plantés en sauvignon (95 % de sauvignon blanc, 5 % de sauvignon gris). Après une fermentation en cuves, les blancs sont élevés douze mois en barriques, dont les trois quarts sont neuves (le château est équipé d'une tonnellerie, sur place !). Le résultat est

Le mariage heureux

... avec un pessac-léognan blanc :

- Risotto de langoustines au curry.

Risotto de langoustines au curry

Bistrot du Sommelier, Paris

Recette de Laurent Sturbois

Préparation : 15 mn
Cuisson : 35 mn

Pour 4 personnes
20 belles langoustines
240 g de riz arborio
10 cl de vin blanc
1 l à 1,5 l de bouillon de volaille
2 cuillerées à soupe de crème fraîche épaisse
1/2 oignon
1 gousse d'ail
1 brindille de thym
10 cl de fumet fait avec les têtes de langoustines
1 cuillerée à café de curry
herbes fraîches
beurre, huile d'olive
sel, poivre

Décortiquer les langoustines à cru en conservant les têtes. Retirer l'intestin (le filet noir sur le dos).

Faire un fumet avec les têtes de langoustines, le thym. Saler, poivrer.

À feu moyen, faire fondre dans un peu de beurre l'ail et l'oignon finement ciselés. Laisser légèrement blondir.

Ajouter le riz, mélanger. Ajouter le vin blanc, laisser s'évaporer presque complètement.

Mouiller à hauteur avec le bouillon. Saler, poivrer. Cuire à couvert. Remuer fréquemment pour que le riz n'accroche pas. Attendre que le liquide soit absorbé par le riz pour verser de nouveau du bouillon. Laisser mijoter à feu doux, en continuant de remuer régulièrement, pendant 25 minutes. Réserver à couvert.

Faire sauter rapidement les langoustines à la poêle dans l'huile d'olive.

Terminer le risotto. Mélanger la crème fraîche au riz. Vérifier l'assaisonnement.

Détendre le risotto en y ajoutant un peu de fumet parfumé avec le curry.

Dresser le risotto dans des assiettes creuses chaudes. Disposer sur le dessus les langoustines. Arroser du fumet au curry. Décorer avec des herbes fraîches.

superbe d'élégance, d'un beau jaune soutenu, avec une bouche charnue, un boisé juste présent et une belle personnalité.

Les pessac-léognan blancs ne sont pas de simples vins blancs de Bordeaux à assortir à des fruits de mer. Il faut, pour les mettre réellement en valeur, partir à la recherche d'accords subtils et délicats. Un peu de sophistication dans l'harmonie constitue même un atout supplémentaire. On pense tout d'abord aux crustacés les plus nobles : langoustes ou homards méritent alors d'être savamment cuisinés, jamais servis froids.

Trouver une harmonie sophistiquée entre vins et mets

Les préparations à base de tourteau sont un régal avec un pessac-léognan blanc : un gâteau de tourteau ou, mieux encore, des oursins farcis au tourteau, agrémentés de quelques grains de caviar, font une entrée succulente. Je pense aussi à des pattes de homards à l'américaine, ou à de petits supions farcis cuisinés à l'encre et servis avec des tagliatelles. Des calamars frits peuvent se révéler une alternative plus simple et assez réussie. On peut aussi s'en tenir à la tradition bordelaise, qui aime servir des huîtres accompagnées de petites saucisses grillées ; c'est une recette classique des grands châteaux de l'appellation, et elle a sa raison d'être : sur un pessac-léognan jeune, les huîtres s'accordent à la minéralité du vin, tandis que le moelleux des saucisses, en répondant

Ci-dessus : *Simplicité et élégance chaleureuse de la cuisine du château Smith Haut Lafitte.*

Page de droite : *Le château Pape Clément fait partie de ces propriétés bordelaises dont la notoriété remonte à plusieurs siècles.*

aux notes boisées, sert de liant à l'ensemble. Plus couramment, on peut penser à des coquilles Saint-Jacques juste poêlées, servies avec une fondue de poireaux ou d'endives. Pour les poissons, il faut privilégier les chairs blanches et fines d'un turbot (préparé avec des morilles) ou d'une sole (découpée en goujonnettes et agrémentée de persil frit).
Si l'on préfère des accords un peu plus rustiques, plus proches du terroir, une tête de veau sauce gribiche conviendra bien, de même qu'un lapin à la moutarde rôti au four : ce condiment s'harmonise en effet très bien avec la fraîcheur et les finales acidulées d'un pessac-léognan encore jeune (cinq ou six ans). On l'accompagnera de petites pommes de terre rattes, choisies pour leur goût légèrement noiseté, et quelques gousses d'ail confites au fond du plat viendront apporter leur touche savoureuse, qui répondra à l'élégance minérale du vin.

Pessac-léognan rouge

Les pessac-léognan se situent dans la zone nord des graves, la plus gâtée par la nature puisque aux sols de graves profondes s'ajoutent des terrains accidentés bien orientés. Le vignoble de Pessac fut d'abord constitué par ces petites propriétés que de tout temps les gens de Bordeaux ont exploitées dans la proximité de la grande ville. Aujourd'hui, les banlieues de la capitale girondine jouxtent les terres à vignes, et les grands châteaux du secteur se sont peu à peu laissé ceindre par un réseau routier particulièrement dense. Cela, heureusement, n'empêche pas les terroirs d'imprimer aux vins leur personnalité – comme ils l'ont toujours fait depuis l'époque des premières vignes de la Gaule romaine. Honorés au Moyen Âge, appréciés par-delà nos frontières, habitués des tables royales durant des siècles, les vins rouges de Pessac et de Léognan furent d'abord des clairets. Mais les belles graves de la région, elles, étaient déjà présentes : garonnaises du Günz (quaternaire ancien) ou pyrénéennes de la fin du pliocène, ce sont elles qui, reposant sur une plate-forme de calcaire à astéries, donnent aux grands crus de pessac-léognan leur bouquet et leur sève.

Pape Clément, une classe et une originalité sans égales

Le Château Pape Clément fait justement partie de cette histoire prestigieuse dont il est l'un des éléments les plus représentatifs. C'est au XIIIe siècle que l'on fait remonter son origine, avec la naissance en Gironde, aux alentours de l'an 1264, d'un certain Bertrand de Got, qui, au début du XIVe siècle, devient archevêque de Bordeaux et propriétaire de plusieurs châteaux dans la région, comme c'était la coutume à l'époque. Devenu pape en 1305, Mgr de Got prend le nom de Clément V et installe la papauté en Avignon. Son domaine, légué à sa mort à l'archevêque de Bordeaux, s'est chargé de perpétuer sa mémoire, puisque voilà sept siècles que les mêmes terres produisent les vins de Pape Clément. Installées sur un sous-sol calcaire, les graves de Pape Clément sont

extrêmement drainantes, et la terre s'y révèle vraiment pauvre – ce qui est idéal pour la vigne. Propriété de la famille Montagne depuis 1939, le Château Pape Clément exploite un vignoble de trente-quatre hectares, dont deux sont plantés en cépages blancs. Le reste se partage entre cabernet sauvignon (60 %) et merlot (40 %). Le meilleur de la production est vendu sous l'étiquette du Château tandis qu'un second vin est élaboré à partir des jeunes vignes et commercialisé sous le nom de Le Clémentin de Pape Clément. Les vins de Pape Clément possèdent une classe et une originalité sans pareilles.

Le Pape Clément 1994 que j'ai récemment goûté affichait une belle robe grenat, parée de reflets brun orangé qui dénotaient et sa densité et son âge. Au nez, ce grand cru classé exhalait un parfum de fruit assez classique, tirant sur la liqueur de fruits noirs, et rehaussé d'une pointe florale presque un peu lourde, évocatrice de la senteur de l'œillet mignardise. À ces premières impressions s'ajoutait ensuite le signe d'une première étape d'évolution du vin, sous la forme d'arômes de sous-bois, d'humus, de parfums d'automne. La bouche était remarquablement équilibrée, avec un soyeux et une finesse très élégants, pas trop puissants, et suggérant le tabac blond.

Le classicisme racé du vin s'allie aux plats traditionnels

Les pessac-léognan rouges sont des vins d'un raffinement exemplaire : veloutés, charpentés et fins, ils méritent qu'on patiente au moins cinq ans avant de songer à les goûter. Mais les grands crus classés peuvent attendre vingt ans avant de prendre place sur nos tables lors d'un déjeuner ou d'un dîner d'automne élégant et recherché. Un pessac-léognan rouge exige presque d'être servi avec de beaux plats traditionnels : c'est avec eux en effet que s'harmonise le mieux son classicisme racé. Il lui faut des chairs fondantes et goûteuses comme celle d'un agneau mariné aux épices douces ; un tournedos Rossini qui alliera la texture du bœuf et l'onctuosité du foie gras ; une perdrix aux choux qui siéra si bien aux senteurs automnales du vin. Les champignons nobles – cèpes ou girolles – sauront le mettre en valeur, mais on peut préférer l'accompagner de savoureuses purées de céleri ou de châtaignes, de polenta onctueuse. La plupart des gibiers font aussi de beaux mariages avec le pessac-léognan : filet de chevreuil, rôti de sanglier, civet de lièvre sont de bons compagnons de ces vins, surtout lorsqu'ils sont cuisinés avec une sauce au sang dont la texture moelleuse et le goût prononcé s'accordent avec la personnalité des pessac-léognan.

Le mariage heureux

... avec un pessac-léognan rouge :

- **Tournedos Rossini, petites pommes de terre panées et soufflées, fagot de haricots verts bardé de lard.**

Un vin d'un raffinement exemplaire élaboré dans les chais de Château Pape Clément (en bas).

Page de gauche : *L'onctuosité du foie gras de canard devrait répondre avec bonheur à la finesse veloutée d'un pessac-léognan rouge ou blanc.*

CHATEAU
LA CONSEILLANTE
POMEROL
1990

*P*OMEROL

Rouge

Château La Conseillante
Château Beauregard
Château Certan-Giraud
Château Clinet
Clos du Clocher
Château Feytit-Clinet
Château Gazin
Château La Croix-Toulifaut
Château Lafleur
Château La Ganne
Château Le Bon Pasteur
Château Le Gay
Château L'Église-Clinet
Château L'Évangile
Château Mazeyres
Château Petit Village
Pétrus
Château Trotanoy
Vieux Château Certan

AOC depuis décembre 1936
Superficie : 784 ha
Sols : graveleux, argilo-graveleux, sablonneux
Encépagement : merlot, cabernet sauvignon, cabernet franc, bouchet, malbec ou pressac
Rendement maximum autorisé : 42 hl/ha
Température de dégustation : 18 °C

1998

1996

1995

1990

1989

1985

1982

Page de gauche : *Il y a cent trente ans, Louis Nicolas achetait la propriété La Conseillante et donnait ses initiales à l'étiquette de ses vins.*

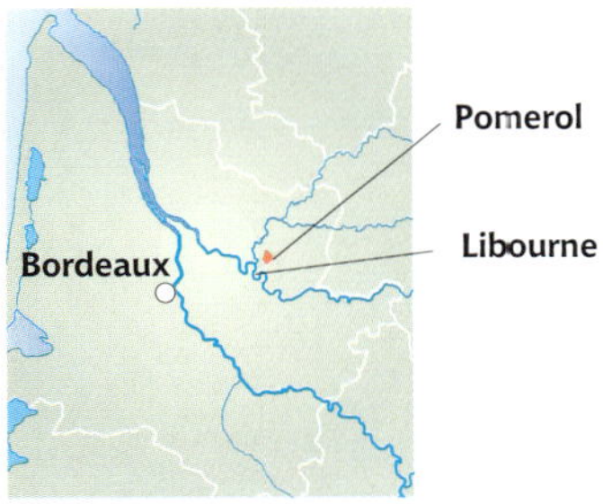

Il y a beau temps que la renommée des pomerol n'est plus à faire. Ces vins rouges d'exception, d'un raffinement inouï, illuminent les plus beaux dîners de fête. L'appellation – l'une des plus petites du département par sa superficie – occupe les pentes créées par l'érosion de l'Isle, affluent de la Dordogne, aux portes de la ville de Libourne. De ces terroirs variés, qui bénéficient d'une exposition idéale orientée vers le midi, sont issus ces vins enchanteurs, et évidemment fort coûteux, que l'on déguste toujours avec un infini plaisir.

La géologie est complexe à Pomerol. L'Isle a creusé de profonds sillons et la composition des sols se modifie d'une parcelle à l'autre. Les puristes distinguent donc les pomerol issus de zones sablonneuses, graveleuses ou argilo-graveleuses. Sur les coteaux, domine le cépage merlot, emblématique de l'appellation, qui donne aux vins leur rondeur et leur suavité, ainsi qu'une belle couleur rubis qui prend avec l'âge des reflets cuivrés. Quelques grands noms de châteaux sont définitivement attachés à l'image prestigieuse des

pomerol, dont Pétrus, Château L'Évangile, Château Lafleur... Chacun d'entre eux exploite à merveille les particularités de son terroir : plutôt argileux à Pétrus, avec davantage de graves à L'Évangile, avec autant de graves que de sables et d'argiles à Lafleur. Il n'y a pourtant, chose rare en Gironde, aucun classement à Pomerol : les viticulteurs s'y sont toujours opposés, préférant faire confiance à leurs vins pour s'imposer auprès des amateurs.

La Conseillante tend vers la perfection

Comme beaucoup de châteaux de l'appellation, La Conseillante a la chance de posséder des terroirs diversifiés : sur la partie nord, qui jouxte Pétrus, des terres argileuses ; dans la partie sud, proche de Château Cheval Blanc – en appellation saint-émilion –, des sols argilo-graveleux. Dès le XVIIIe siècle, le domaine de douze hectares d'un seul tenant avait été mis en valeur par sa propriétaire, Catherine Conseillant. Depuis cent trente ans, il est entre les mains de la famille Nicolas, qui a beaucoup fait pour assurer la réputation des pomerol. Aujourd'hui propriété de Francis et Bernard Nicolas, La Conseillante n'a pas grandi en superficie, et l'encépagement donne toujours priorité au

Vins d'automne, les pomerol aiment la compagnie des champignons, cèpes, girolles ou... truffes.

merlot (75 % des vignes) que complète le cabernet franc (25 %). De la taille de la vigne à l'assemblage final, tout est mis en œuvre pour obtenir environ cinq mille caisses annuelles d'un vin qui tend vers la perfection, et qui atteint son apogée une dizaine, voire une quinzaine d'années plus tard.

Le millésime 1989 m'a enchanté : sa robe grenat a déjà les reflets acajou que donne l'évolution ; le nez, très expressif, est significatif d'un vin entré dans sa phase tertiaire, avec des arômes délicats de champignons, de sous-bois, d'humus. On dénote aussi des parfums de bâton de réglisse soulignés d'une touche de violette ; l'élevage laisse enfin transparaître des senteurs de boisé vanillé assez suave, un peu fumé, évocateur de patine : le nez au-dessus du verre, j'ai eu un instant l'impression de respirer le parfum d'un plateau ancien en marquetterie... Au palais, le vin développe des saveurs de tabac, de havane. Les tannins sont présents, mais parfaitement enrobés, et la longueur est exemplaire. Que dire de ce vin, sinon qu'avec sa personnalité il offre un pur moment de plaisir olfactif et gustatif ?

Les pomerol illuminent les dîners de fête

Il est donc naturel de désirer les accompagner de plats aussi recherchés qu'ils le sont eux-mêmes. Les alliances les plus courantes se font avec le gibier à plume, le foie gras et les champignons. Un chausson au foie gras, un

plat de champignons, une tourte à la bécasse et aux truffes, une pintade farcie aux cèpes : voilà pour les plus belles harmonies. Mais la finesse des pomerol convient aussi à un foie gras chaud poêlé, souvent bien difficile à marier, ou même à certains poissons ou gibiers à poil, du moment qu'ils sont cuisinés au vin. Un sandre rôti à la peau, préparé en sauce au vin rouge, ou un civet de chevreuil peuvent se révéler délicieux à côté d'un pomerol. Peut-être plus délicate, l'alliance avec les fromages doit conduire à des choix prudents pour ne pas étouffer la délicatesse du vin : un cantal entre-deux (c'est-à-dire pas trop vieux) pourra probablement convenir dans ce cas.

Le mariage heureux

... avec un pomerol :

• Chausson au foie gras et aux truffes.

Les suggestions de La Conseillante :

• Entrecôte grillée sur sarments de vigne.

• Tournedos Rossini aux cèpes.

Premières côtes de blaye

Blaye

Côtes de blaye

Blanc

BLAYE
CÔTES ET PREMIÈRES CÔTES DE BLAYE

Château Charron
Château Bertinerie
Château Haut-Bertinerie
Château Les Jonqueyres

AOC depuis septembre 1936
Superficie : 208 ha
Sols : argilo-calcaires
Encépagement : sémillon, sauvignon, muscadelle
Rendement maximum autorisé : 60 hl/ha (65 hl/ha pour l'AOC blaye)
Température de dégustation : 8 °C

1997
1996
1995

Rouge

PREMIÈRES CÔTES DE BLAYE

Château Les Jonqueyres
Château Haut-Bertinerie
Château La Rivalerie
Château Pérenne
Château Peybonhomme-les Tours

AOC depuis septembre 1936
Superficie : 4 912 ha
Sols : argileux ou argilo-calcaires
Encépagement : cabernet franc, cabernet sauvignon, merlot, malbec
Rendement maximum autorisé : 50 hl/ha
Température de dégustation : 17 °C

1998
1996
1995
1990

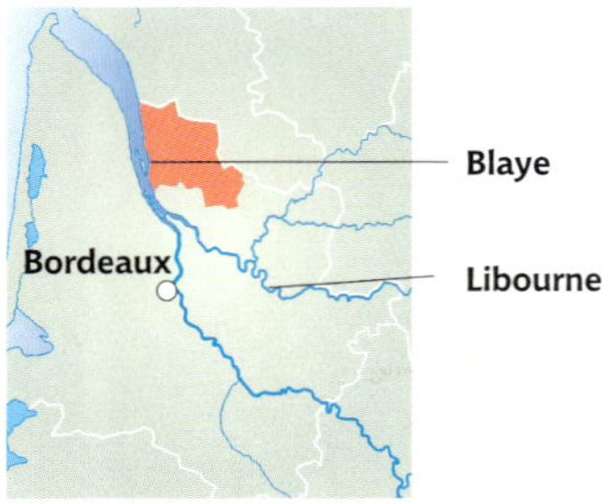

***Page de droite** : Un élevage en barriques réussi apporte aux vins de Château Charron une délicate note boisée.*

Château Charron et son vignoble dominent la ville de Blaye.

Page de droite : *La saveur iodée des coquilles Saint-Jacques répond harmonieusement à la fraîcheur aromatique d'un Château Charron.*

Encerclant la zone du Bourgeais par le nord et le nord-est, le Blayais constitue l'un des pôles les plus anciens de la viticulture bordelaise. Planté dès l'époque gallo-romaine et objet de toutes les convoitises pendant la guerre de Cent Ans, ce vignoble, dont la réputation, au Moyen Âge, dépassait largement les frontières de l'Aquitaine, est depuis trois siècles dominé par la citadelle de Blaye édifiée par Vauban. Les différentes appellations de cette zone – blaye, côtes de blaye et surtout premières côtes de blaye – produisent en majorité des vins blancs secs et aromatiques, que viennent compléter, dans une moindre mesure, des rouges plutôt fruités.

Le mariage heureux
... avec un premières côtes de blaye blanc :
• Filet d'empereur au coulis d'étrilles, navets nouveaux ou crosnes.

La suggestion de Château Charron :
• Salade tiède de langoustines et de saint-jacques rôties et déglacées au vinaigre de framboises.

Premières côtes de blaye blanc

L'appellation premières côtes de blaye est sans conteste la meilleure de tout le secteur du Blayais. Après avoir produit des blancs secs ou demi-secs sans grand intérêt, elle a bénéficié, comme tout le reste du Bordelais, de l'amélioration des techniques de vinification des blancs. Assez accessibles, ces vins faciles, majoritairement secs, peuvent être dégustés de façon un peu intemporelle. Leur fraîcheur, qui ne manque pas d'un certain relief, convient plutôt au déjeuner, et l'on pourra accueillir un premières côtes de blaye blanc sur sa table en toute saison.

Le Château Charron appartient aux Vignobles Germain, propriétaires par ailleurs d'autres domaines. Le vignoble – vingt-six hectares au total – est situé sur les coteaux élevés qui dominent la ville de Blaye. Le domaine propose des vins rouges (Château Charron Les Gruppes) et blancs (Château Charron Acacia). Les trois hectares de blanc sont encépagés en sémillon (70 %) et sauvignon (30 %), sur un terroir riche et drainé.

Le millésime 1998 du Château Charron Acacia m'a beaucoup plu : couleur soutenue jaune-vert, nez fin, élégant et aromatique, notes florales très variées de genêt, d'amande fraîche, d'orgeat, discrète senteur de résineux apportée par l'élevage. En bouche, le vin est rond, mais avec beaucoup de relief et d'énergie, montrant une expression tannique et une acidité assez marquées.

Lorsqu'il fait montre d'une telle personnalité, un premières côtes de blaye blanc accompagne harmonieusement tous les produits de la mer, en particulier ceux qui proviennent de la région elle-même : il faut se rappeler que les fameux caviars d'Aquitaine viennent de cette zone. Un blanc de turbot

HUILE
DE NOISETTE
VALEURS NUTRITIVES
250 ml

CHATEAU
ES JONQUEYRES
1997
PREMIÈRES CÔTES DE BLAYE
PPELLATION PREMIÈRES COTES DE BLAYE CONTRÔLÉE
Isabelle et Pascal MONTAUT
à Saint-Paul-de-Blaye GIRONDE - FRANCE
750 ml
PRODUIT DE FRANCE
CHATEAU
LES JONQUEYRES
1997

braisé au fenouil avec quelques grains du caviar régional sera ainsi un excellent faire-valoir d'un premières côtes de blaye blanc.

La présence du merlot se traduit par une grande souplesse et des tannins virils

Mais on peut servir ce vin avec des crustacés – coquilles Saint-Jacques aux mousserons –, d'autres poissons, ou même certaines viandes comme des côtes de porc en sauce moutardée ou en sauce charcutière : la densité du vin permet en effet l'alliance avec des cornichons. La plupart des fromages lui conviennent aussi, y compris les plus crémeux, comme le saint-marcellin ou le brillat-savarin.

Premières côtes de blaye rouge

Disséminés sur une très large zone d'appellation, les premières côtes de blaye rouges sont des vins colorés, assez puissants et rustiques, qu'il ne faut pas chercher à conserver trop longtemps parce qu'ils s'apprécient surtout « sur le fruit », c'est-à-dire aussi longtemps qu'ils offrent une fraîcheur fruitée. L'appellation, rappelons-le, est ici limitrophe des simples bordeaux, et il faut avouer que les vins du secteur manquent sérieusement d'homogénéité. Dans cette appellation très découpée géographiquement et très inégale sur le plan des propriétés, on doit prendre le temps de choisir : aux côtés de vins tout simples et même un peu frustes, on trouve en effet des premières côtes de blaye très réussis, denses, fins et capables, grâce à leur richesse tannique, de se conserver jusqu'à huit, voire dix ans. Ce sont des vins d'emploi facile : toutes les saisons leur vont bien, et on peut en profiter pendant tout un repas, déjeuner professionnel ou dîner d'été dans une ambiance conviviale.

Isabelle et Pascal Montaut exploitent, à Saint-Paul-de-Blaye, un domaine de quatorze hectares au total (Château Les Jonqueyres et Domaine de Courgeau, deux rouges en appellation premières côtes de blaye). Planté sur des terres argileuses, le vignoble de Château Les Jonqueyres fait une large place au merlot (90 %). De ce fait, le vin se caractérise par sa grande souplesse, associée à des tannins assez virils. Le millésime 1997, de couleur rubis assez transparente, montre un nez franc, marqué par des notes fruitées et une touche végétale propre au millésime ; en bouche, ce premières côtes de blaye fait preuve d'une belle ampleur.

J'aime les premières côtes de blaye rouges avec des plats de la région : un « grenier médocain » – sorte de terrine fortement poivrée –, des abats, des volailles comme un canard ou une oie. Il faut ajouter à ces classiques une préparation qui s'accorde magnifiquement au vin : des gambas grillées accompagnées de poivrons, grillés eux aussi, que l'on sert avec un premières côtes de blaye jeune et rafraîchi. Tous les fromages à pâte cuite ou demi-cuite le mettent également en valeur, mais c'est sans doute la tomme des Pyrénées qui forme avec le vin l'alliance la plus heureuse.

Le mariage heureux
... avec un premières côtes de blaye rouge :
• Agneau rôti à la broche.

La puissance et la fraîcheur des premières côtes de blaye rouges permettent des alliances réussies avec des légumes aussi savoureux que le poivron.

PREMIÈRES CÔTES DE BORDEAUX

Moelleux

Château Plaisance
Château Malagar
Château Lagorce

AOC depuis août 1973
Superficie : 387 ha
Sols : graveleux, calcaires ou argilo-calcaires
Encépagement : sémillon, sauvignon, muscadelle
Rendement maximum autorisé : 50 hl/ha
Température de dégustation : 8 °C (sec), 9 °C (moelleux)

1998
1997
1996
1995

Rouge

Château Reynon
Château Brethous
Château Dudon
Château Montjouan
Château Suau
Château Tanesse

AOC depuis août 1973
Superficie : 3 034 ha
Sols : graveleux ou argilo-calcaires
Encépagement : cabernet sauvignon, cabernet franc, merlot, carmenère, cot ou malbec, petit verdot
Rendement maximum autorisé : 50 hl/ha
Température de dégustation : 17 °C

1998
1996
1995
1990
1989

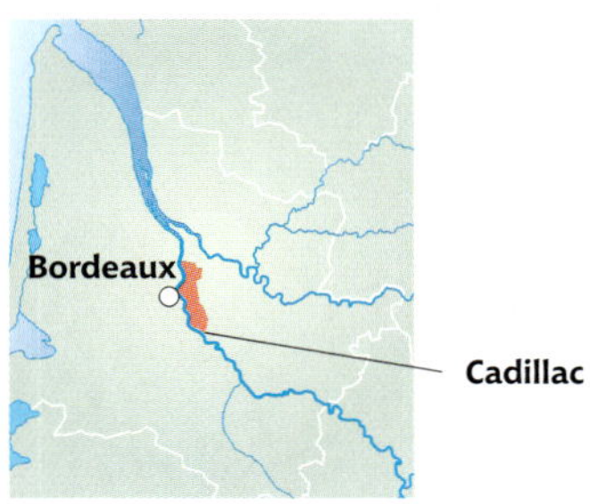

Château Reynon et ses vignes, le « laboratoire de recherche » préféré du professeur d'œnologie Denis Dubourdieu.

Le mariage heureux
… avec un premières côtes de bordeaux blanc :
• Diplomate aux abricots, crème anglaise vanillée.

Situé sur les hauteurs d'une falaise calcaire, Château Plaisance domine un paysage d'une grande sérénité.

Allongé le long d'une cinquantaine de kilomètres sur les pentes qui surplombent la rive droite de la Garonne en aval de Cadillac, le vignoble des premières côtes de bordeaux correspond au secteur ouest de la région de l'Entre-deux-Mers. Pour tirer pleinement profit de la variété des sous-sols, on a planté sur ces coteaux tous les cépages classiques du Bordelais. Les vins rouges, qui montrent parfois un air de famille avec les graves, se positionnent dans une gamme intermédiaire – ce qui leur permet de nombreux usages ; les blancs, qui représentent une moindre surface, sont vinifiés soit en vins secs mais tendres, soit en vins moelleux typiques de la région bordelaise.

Premières côtes de bordeaux blanc

Avec un peu moins de cinq cents hectares en appellation, les vins blancs des premières côtes ont souvent des difficultés à se faire reconnaître, et de nombreux viticulteurs ont choisi de les commercialiser sous l'étiquette de « bordeaux » pour simplifier leur gamme. Les premières côtes sont pourtant des vins à part entière, surtout lorsque les cépages blancs, sauvignon en tête, sont installés sur les pentes au sous-sol calcaire qui donnent aux raisins finesse et maturité. La tradition bordelaise, qui privilégiait autrefois la production de vins blancs moelleux, s'est vu quelque peu bousculée avec l'émergence du goût moderne pour la fraîcheur du sauvignon. C'est ainsi que cohabitent aujourd'hui des moelleux et des blancs que l'on qualifie de « secs », cependant que pour ma part je préfère appeler « secs tendres » ; l'expression me semble mieux rendre compte de la rondeur de ces vins qui appartiennent bien à la

catégorie des secs, mais qui sont élaborés à partir de raisins très mûrs et rappellent, par leur fruit et leur douceur, certains blancs de la Loire.

Des vins bien faits à un prix raisonnable

Château Plaisance tire parti de sa situation au sommet d'une falaise calcaire pour, justement, élaborer ce type de premières côtes de bordeaux. Les vingt-cinq hectares du domaine produisent – outre un peu de cadillac – des bordeaux et des premières côtes de bordeaux, en rouge et en blanc. Ce vignoble très ancien – les premières plantations dans la région remontent sans doute à la période d'occupation romaine ! – appartient depuis 1985 à Sabine et Patrick Bayle, qui avouent leurs ambitions : prouver que l'on peut mettre sur le marché des vins bien faits, très fins et d'un prix raisonnable même dans une appellation dite « mineure ».

Pari tenu, en tout cas, avec leur Cuvée Alix issue de vieilles vignes 100 % sémillon. Le 1997, avec sa couleur jaune or soutenu, d'une limpidité et d'une brillance magnifiques, devrait servir de modèle pour ce genre de vin : de la richesse, de la densité, de la générosité. Le vin est rond sans être trop doux, avec des arômes de noyau de cerise, de coing, d'ananas additionné d'une pointe d'abricot et d'une touche de boisé vanillé à peine présente. Parfait au bout de quatre à cinq ans, il présente un potentiel de garde d'une dizaine d'années. Cette Cuvée Alix est un délice de rondeur : j'aurais envie de qualifier ce vin de... sphérique ! Cette générosité suave – et surtout pas sucrée – pourrait presque accompagner tout un repas à la belle saison : sa rondeur convient à l'apéritif, sa richesse à un poisson et sa texture à une viande blanche. Je l'imagine aussi bien avec une entrée

Un dessert de fruits acidulés ponctuera avec bonheur un repas accompagné d'un blanc de premières côtes de bordeaux.

froide de poisson – anguille fumée – qu'avec un quasi de veau un peu caramélisé, accompagné de fèves et arrosé de son jus ; ou encore avec une classique escalope de veau à la crème aux endives braisées et aux jeunes carottes, pour que la suavité du vin trouve un écho dans cette alliance entre l'amer et le doux, et que son onctuosité réponde à la sauce à la crème. Ce premières côtes de bordeaux « sec tendre » sera également bienvenu avec des fromages de chèvre (chabichou) ou de brebis : le mieux serait alors de servir, comme c'est la coutume dans le Sud-Ouest, un peu de tomme des Pyrénées avec une cuillerée de confiture, la gelée de coings me paraissant ici préférable à une classique confiture de fruits rouges. Et si l'on veut vraiment s'en tenir à un seul vin au cours du repas, il suffira pour le dessert de s'orienter vers un entremets pas trop sucré qui associe fruits acidulés et crème vanillée.

De même que le premières côtes de bordeaux blanc « sec » demeure, on vient de le voir, un vin « tendre », le blanc moelleux se trouve, lui, assez éloigné de la famille des liquoreux. Dans l'appellation, ceux qu'on appelle les moelleux n'ont en effet ni la puissance ni la sucrosité des vins du Sauternais. Ce sont au contraire des vins d'approche assez facile, qui trouvent de multiples occasions de se faire apprécier.

« Un joli blanc, pas trop liquoreux »

L'un de ces premières côtes de bordeaux a acquis, et pour l'éternité, une notoriété qu'aucun phénomène de mode ne viendra jamais démentir. Les vins du Château Malagar ont eu en effet l'insigne honneur de figurer dans l'œuvre de François Mauriac – tout simplement parce que la propriété appartenait à la famille de l'écrivain. Malagar est omniprésent dans les ouvrages de Mauriac ; le lieu a inspiré les romans, et le vin, qualifié par l'écrivain de « joli blanc qui n'était pas trop liquoreux », figure en bonne place sous la plume critique d'un homme de lettres enraciné dans sa région d'origine. Les héritiers de François Mauriac ont renoncé à Malagar, et le domaine appartient depuis avril 1990 aux domaines Cordier. Huit des quatorze hectares de la propriété sont plantés en premières côtes de bordeaux blanc, avec un encépagement réparti en sémillon (60 %) et sauvignon (40 %) sur un terroir graveleux avec une composante siliceuse. Lorsque l'année le permet, une petite partie des raisins est abandonnée à l'action du *botrytis*, et l'on récolte à la main les grains surmûris et envahis de « pourriture noble », qui vont fournir

Ci-dessus et page de gauche :
Malagar, une propriété de famille omniprésente dans l'œuvre de François Mauriac.

Le mariage heureux
... avec un premières côtes de bordeaux blanc moelleux :
- Feuilletés au bleu des Causses.

un blanc moelleux au nez intense de fruits confits, de miel et de verveine.

Le millésime 1997 m'a paru très aérien pour un vin de ce type, avec une sucrosité parfaitement dosée et une note finale d'une fraîcheur désaltérante. C'est un vin à apprécier à l'âge de quatre ou cinq ans, capable de « tenir » jusqu'à dix ans. Parce qu'il n'est pas excessivement chargé en sucre, il accompagnera agréablement un bon foie gras. Son moelleux pas trop riche en alcool, et donc pas du tout écœurant, permet d'en faire un excellent vin d'apéritif, avec des toasts au fromage ; bien entendu, les fromages bleus – bleu d'Auvergne, bleu de Bresse, fourme d'Ambert et bleu des Causses plutôt que roquefort – formeront avec lui les accords les plus réussis. J'aime aussi le servir avec des poissons fumés comme le saumon, bien sûr, mais aussi la truite, le hareng, l'anguille ou le haddock. Tous les toasts à base de crabe et de tarama mettront en relief sa texture. On peut aussi s'orienter vers des alliances plus étonnantes sur des plats très confits comme une moussaka d'aubergines, dans laquelle la viande longuement cuite et la note sucrée des tomates viendront rehausser la suavité du vin.

La note sucrée des tomates, les aubergines confites d'une moussaka relèvent la suavité d'un premières côtes de bordeaux moelleux.

Premières côtes de bordeaux rouge

Du fait même de l'étendue de l'aire d'appellation, les terroirs des premières côtes de bordeaux rouges diffèrent sensiblement. Les vins produits n'ont donc guère d'homogénéité, et il vaut mieux, pour les choisir, connaître l'emplacement du vignoble, les pourcentages d'encépagement et... le savoir-faire du vigneron. Mais qu'ils soient apparentés plutôt aux graves ou plutôt aux autres rouges de la zone de l'Entre-deux-Mers (comme les graves de vayres), ces vins profonds, chaleureux et même raffinés peuvent figurer en toute saison sur nos tables. Ils offrent l'intérêt d'être proposés à des prix abordables et de ne pas exiger une

patience trop grande : trois à sept ans de vieillissement sont généralement suffisants. Si l'on peut établir une comparaison entre l'ordonnancement des vins au cours d'un repas et une partition de concert, il faut considérer les premières côtes de bordeaux comme des vins d'ouverture, à servir en début de repas, avant de faire jouer les grands crus : ils remplissent alors parfaitement leur rôle en introduction, sans être seulement des faire-valoir. Mais leur pouvoir de séduction leur permet aussi, lors de déjeuners plus simples, d'accompagner tous les mets d'un repas.

Château Reynon se situe à deux pas de Cadillac, dans une région traditionnellement propice aux blancs moelleux. La propriété, dont les origines remontent au XVe siècle, appartient aujourd'hui à Florence et Denis Dubourdieu, qui s'occupent aussi du Clos Floridène, l'un des domaines phares en appellation graves blanc. Le Château Reynon – qui produit également du blanc sec et du cadillac – compte seize hectares de vignoble rouge constitué de merlot (60 %) et de cabernet sauvignon (40 %), plantés sur des graves profondes au sous-sol argileux ou des pentes argilo-calcaires.

Un vin de caractère extrêmement séduisant

Le Château Reynon rouge 1998 offre au nez des arômes puissants mais fins, avec des senteurs de fruits (mûre et cassis) et des notes fumées dues aux dix-huit mois d'élevage en barriques de chêne. Le savoir-faire de Denis Dubourdieu a fait merveille : à la couleur concentrée, pourprée, s'ajoute une viscosité généreuse qui donne beaucoup de caractère à ce vin extrêmement séduisant. Le travail précis sur les tannins permet d'obtenir au palais une élégance soyeuse et un fruité intense, avec des touches presque poivrées qui renforcent encore la personnalité de ce très joli vin.

Un premières côtes de bordeaux s'apprécie avec des plats de viande goûteux et roboratifs, et néanmoins raffinés, pour être vraiment mis en valeur. Sa puissance convient très bien à la caillette, spécialité ardéchoise que l'on sert chaude au début d'un repas en hiver, ou froide, sur des toasts, en été, et qui se confectionne à partir d'herbes et d'une farce d'abats de porc et de volaille hachés, enveloppés dans une crépine que l'on fait dorer au four. Plus couramment, le vin s'accorde parfaitement au canard, surtout lorsqu'il est préparé en sauce tel une daube de canard aux olives, par exemple.

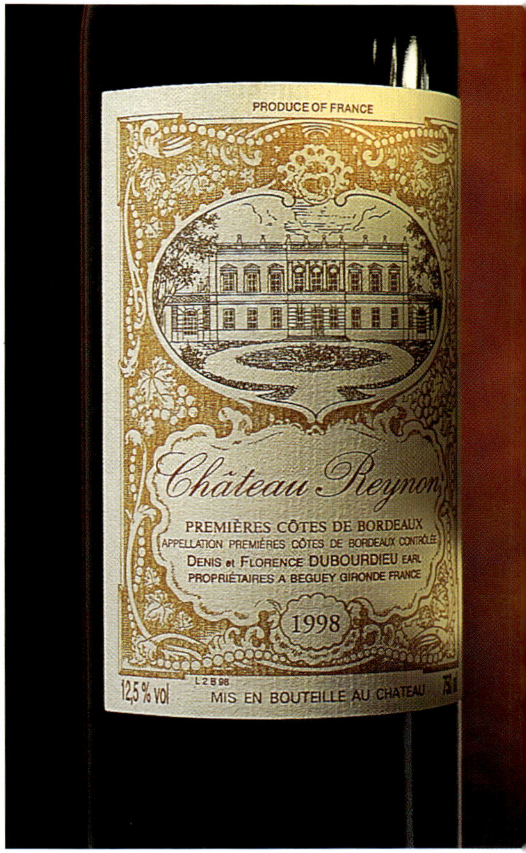

Les vignes de Château Reynon donnent un très joli vin rouge dans une région pourtant traditionnellement propice aux blancs moelleux.

Le mariage heureux
... avec un premières côtes de bordeaux rouge :
• Steack d'aiguillette de canard, tagliatelles, sauce aux baies roses.

Les suggestions de Château Reynon :
• Gigot d'agneau.
• Gigot de chevreuil.
• Entrecôte à la bordelaise.

SAINT-ÉMILION
SAINT-ÉMILION GRAND CRU

Avec sa forte proportion de merlot, le vin de Côte Puyblanquet est un saint-émilion classique, caractérisé par sa souplesse.

Rouge

SAINT-ÉMILION

Château Côte Puyblanquet

Château Barberousse

Château Le Clos Badon

Château les Vieux Maurins

AOC depuis novembre 1936
Superficie : 2 048 ha
Sols : calcaires, argilo-calcaires, silico-argileux
Encépagement : merlot, cabernet sauvignon, cabernet franc, carmenère, cot ou malbec
Rendement maximum autorisé : 45 hl/ha
Température de dégustation : 17 °C

1998

1996

1995

1994

1990

1989

SAINT-ÉMILION GRAND CRU

Château Faugères

Château Bellefont Belcier

Château Daugay

Château Destieux

Château Fombrauge

Château Laroque

Château L'Hermitage

Château Monbousquet

Château Tertre Rotebœuf

SAINT-ÉMILION
GRAND CRU CLASSÉ

Château Troplong-Mondot

Château Canon-La Gaffelière

Château Cap de Mourlin

Château Franc-Mayne

Château Haut-Corbin

Château Haut-Sarpe

Clos de l'Oratoire

Clos des Jacobins

Château Larmande

SAINT-ÉMILION
PREMIER GRAND CRU CLASSÉ

Château Ausone

Château Cheval Blanc

Château Canon

Château Figeac

Château L'Angélus

Château Pavie

AOC depuis novembre 1936
Superficie : 3 421 ha
Sols : calcaires, argilo-calcaires, silico-argileux
Encépagement : merlot, cabernet sauvignon, cabernet franc, carmenère, cot ou malbec
Rendement maximum autorisé : 40 hl/ha
Température de dégustation : 18 °C

1998

1996

1995

1994

1990

1989

1986

1985

1982

La petite ville de Faugères laisse émerger son clocher de son écrin de vignes.

L'aire d'appellation des saint-émilion recouvre en réalité deux AOC distinctes produisant des vins rouges de grande classe : saint-émilion et saint-émilion grand cru (cette dernière appellation étant subdivisée selon un classement hiérarchique). Dans le monde bordelais, la région de Saint-Émilion fait figure de fille originale et un tantinet rebelle dont le village du même nom constitue le cœur battant. Avec ses vins connus depuis l'Antiquité, ses traditions religieuses et historiques, ses bâtiments troglodytes, ses kilomètres de galeries souterraines et les « jurats » qui, aujourd'hui encore, renouvellent chaque année le serment solennel de défendre leur cité et leur vignoble, Saint-Émilion a eu le privilège, en 1999, d'être classé au patrimoine de l'humanité par l'Unesco. Une façon unique de rendre hommage à la personnalité extraordinaire d'une zone viticole qui couvre plus de cinq mille hectares et dont le vin avait eu l'honneur d'être baptisé « nectar des dieux » par le roi Louis XIV lui-même.

Il y aurait beaucoup à dire sur la zone viticole de Saint-Émilion, qui forme une entité décalée géographiquement par rapport à Bordeaux et qui, depuis toujours, a joué vis-à-vis d'elle le rôle de turbulente rivale. C'est l'Histoire qui a façonné l'unité de Saint-Émilion. La région a été habitée dès le paléolithique, avant d'être conquise par les troupes romaines, comme le reste de l'Aquitaine. Ce sont les Romains qui y ont introduit la culture de la vigne, et Decimus Magnus Ausonius (Ausone), préfet, consul et maire de Bordeaux, fut le premier vigneron célèbre de la région. Mais la ville de Saint-Émilion doit son nom à un religieux du VIIIe siècle qui vint de Bretagne s'établir en Aquitaine ; il fonda dans les galeries calcaires de la région un ermitage où il se retira et accomplit quelques miracles. Ravagé par les invasions barbares, le vignoble acquit sa vraie réputation au Moyen Âge : en 1199, était créée la « jurade », une assemblée dotée de réels pouvoirs et chargée d'assurer la gestion économique de la cité et de sa juridiction. C'est aux jurats des premiers temps que l'on doit, en particulier, l'énoncé de règles sévères en matière de viticulture et, par conséquent, la recherche d'une vraie qualité.

La géologie des environs de Saint-Émilion manque pourtant singulièrement d'homogénéité. On y trouve une diversité de terroirs tout à fait étonnante : un plateau calcaire

Un saint-émilion affectionne les plats d'automne et de printemps sans complication, comme ce rôti de dindonneau aux marrons.

***Page de droite :** Les toits de Saint-Émilion. La ville, qui s'enorgueillit de posséder une église monolithe unique au monde, a été inscrite en 1999 par l'Unesco au patrimoine de l'humanité.*

Le mariage heureux
... avec un saint-émilion :

- Entrecôte aux sarments à la bordelaise.

Les suggestions de Château Côte Puyblanquet :

- Viandes grillées.
- Lamproie à la bordelaise.

qui s'étend autour de la cité elle-même ; des côtes argilo-calcaires au nord et au sud de ce plateau ; une terrasse de graves silico-argileuses au nord-ouest de la zone, en direction de Pomerol ; enfin, une plaine sablo-graveleuse au sud, vers la vallée de la Dordogne.

Un classement revu tous les dix ans

Il serait donc vain de parler « du » saint-émilion. D'autant que, je l'ai déjà dit, la zone correspond à deux AOC différentes, saint-émilion et saint-émilion grand cru : il est important de bien comprendre qu'à Saint-Émilion le terme de « grand cru » ne s'applique pas à un classement hiérarchique, mais à une appellation. Pour compliquer l'ensemble, l'AOC saint-émilion grand cru fait l'objet, depuis 1954, d'un classement qui établit la distinction entre « grand cru » (les châteaux qui relèvent de l'aire d'appellation), « grand cru classé » (cinquante-cinq châteaux actuellement) et « premier grand cru classé » (treize châteaux en tout). Enfin, pour achever de se démarquer des usages bordelais – et en particulier du classement des vins médocains qui remonte à 1855 ! –, le classement des saint-émilion n'est jamais définitif : il est revu tous les dix ans, et les châteaux soucieux de changer de catégorie peuvent proposer leur vin à la dégustation d'une commission composée de membres extérieurs au Syndicat viticole de Saint-Émilion et spécialement créée à cette occasion...

Ce qui reste certain, c'est que la réputation des saint-émilion n'est plus à faire, ni en France ni ailleurs. Longtemps considérés comme des vins souples, veloutés et soyeux – grâce à la prédominance du cépage merlot dans les assemblages –, mais manquant parfois un peu de matière, les vins de saint-émilion ont légèrement évolué depuis une dizaine d'années. Sans trahir la tradition, ils se sont orientés vers une concentration plus poussée et une puissance accrue. Les « nouveaux » saint-émilion paraissent donc plus colorés et aussi plus charpentés. Une tendance à la mode incite aussi certains châteaux à produire des cuvées particulières, souvent extrêmement chères et recherchées, sortes de vins « de compétition » très maîtrisés, très expressifs et aromatiques, qui ont cependant à mon sens le défaut de s'éloigner un peu trop de la tradition de leur aire d'appellation.

Saint-émilion

Les vins de cette appellation présentent des différences liées au terroir, aux méthodes de vinification et à l'élevage. La plupart d'entre eux ne séjournent pas en fûts. Tous ont en commun une couleur grenat assez vif, un nez plutôt simple, marqué par la violette, une grande souplesse, une certaine rusticité et un âge idéal de dégustation variant de cinq à huit ans.

Christian Bertoni a pris la succession de son père et exploite depuis dix ans le Château Côte Puyblanquet, tout près de Saint-Étienne-de-Lisse, au sud-est de Saint-Émilion.

Au centre du vignoble de Château Faugères, s'élève une belle chartreuse du XVIIIe siècle.

Les dix hectares de ce domaine sont encépagés en merlot (80 %), cabernet franc (15 %) et cabernet sauvignon (5 %). Le millésime 1995, d'un beau grenat qui tire à peine vers l'orangé, présente un nez typique de violette et de fruits noirs, avec des touches boisées bien équilibrées. Au palais, le vin est tendre, pas très ample, mais avec beaucoup de finesse : il m'a fait penser à une dentelle légère, loin de la rusticité habituelle des saint-émilion.

Les meilleurs accords à rechercher avec ces vins doivent éviter la complexité et s'orienter autour de la souplesse du vin. J'aime les saint-émilion, à l'automne ou au printemps, sur des viandes grillées ou des préparations en sauce évocatrices de cuisine familiale : pot-au-feu de canard aux légumes (carottes, navets, céleri et pommes de terre) ; rôti de dindonneau au jus accompagné de marrons à l'automne ; filet de bœuf tout simple ou bœuf à la ficelle, civet de lapin, osso-buco aux pâtes fraîches ou chou farci un peu paysan. On peut aussi marier un saint-émilion à des poissons préparés avec une sauce au vin : matelote d'anguille, civet de lotte ou brochet au beurre rouge. En ce qui concerne les fromages, mieux vaut s'en tenir à un chaource crémeux qui renforcera la rondeur du vin.

Saint-Émilion grand cru

L'essentiel des vignobles de l'appellation se situe tout autour de la cité de Saint-Émilion ou sur le plateau en direction de Pomerol. Avec plus de trois mille hectares en production, la zone offre évidemment une variété de produits qui en fait toute la richesse. La plupart des saint-émilion grand cru sont des vins colorés et denses, très extraits ; les plus réussis savent allier l'élégance à la charpente. Selon leur origine géographique, ils sont veloutés et raffinés (vignobles situés en direction de Pomerol) ou plutôt fruités et chaleureux (vignobles situés sur les pentes calcaires des environs de Saint-Émilion). Il faut en outre, on l'a dit, tenir compte des distinctions établies entre les différents niveaux de l'appellation.

Le Château Faugères, propriété de Corinne Guisez, est un vaste domaine de la zone de Saint-Étienne-de-Lisse, en limite d'appellation. Les cinquante-cinq hectares de vignoble d'un seul tenant sont en effet répartis sur deux AOC : saint-émilion grand cru (28 ha), correspondant à l'étiquette Château Faugères, et côtes de castillon (27 ha) correspondant

Tous les plats de la cuisine familiale, comme ce bœuf à la ficelle, sauront accompagner la souplesse d'un saint-émilion.

Le mariage heureux
... avec un saint-émilion grand cru :
• Chapon rôti, sauce au vin rouge à la bordelaise, échalotes confites, mousserons et shi-ta-ké.

CHÂTEAU
FAUGÈRES
Grand Cru
1997
MIS EN BOUTEILLE AU CHÂTEAU
CHÂTEAU
FAUGÈRES
Grand Cru
1997
MIS EN BOUTEILLE AU CHÂTEAU

au Château Cap de Faugères. Installé sur des terres argilo-calcaires bien exposées, le vignoble – au centre duquel est édifiée une ravissante chartreuse du XVIIIe siècle – domine la vallée de la Dordogne. Les jus sont vinifiés puis élevés dans un chai comptant quelque cinq cents barriques (dont 50 % de bois neuf). Dense, complexe, avec un nez de réglisse, de violette et de fruits noirs, le vin de Château Faugères, que j'ai eu la chance de déguster au domaine, m'a paru bien représentatif de son appellation : gourmand et flatteur, il respecte toutefois la tradition et reste un saint-émilion grand cru parfaitement identifiable.

Des vins de fête, raffinés, d'une puissance exceptionnelle

Le Château Troplong-Mondot fait, lui, partie du club fermé des saint-émilion grand cru classé. Le vignoble actuel (30 ha) appartenait autrefois au vaste ensemble de Pavie-Mondot, propriété au XVIIIe siècle de l'abbé de Sèze qui édifia le château actuel. Acquis par Raymond Troplong, président du Sénat, au siècle suivant, il passe ensuite aux mains de la famille Valette, qui l'exploite toujours. Situé sur une butte au nord-est de Saint-Émilion, le vignoble est planté sur un sous-sol calcaire recouvert d'une couche d'argile ; le merlot là encore est largement majoritaire (80 %). Les vins de Troplong-Mondot sont élaborés dans le souci d'une extraction optimale : cette concentration de matière, qui bloque un peu la subtilité du vin, oblige l'amateur à patienter au moins huit ans. Le millésime 1995 montre, au bout de cinq ans, une couleur très soutenue ; au nez comme au palais, les traces de l'élevage sont encore très présentes et les tannins fort denses. Cette puissance exceptionnelle doit bien entendu être prise en considération lorsque l'on cherche à marier un Troplong-Mondot avec un plat.

D'une façon générale, les saint-émilion grand cru classé – ou, *a fortiori*, premier

Ancienne demeure de l'abbé de Sèze, qui le fit édifier au XVIIIe siècle, le château Troplong-Mondot a constitué son vignoble autour de 1850, sous l'impulsion de Raymond Troplong, son propriétaire de l'époque.

TROPLONG MONDOT
GRAND CRU CLASSÉ
SAINT-EMILION GRAND CRU
SAINT-EMILION GRAND CRU CONTROLÉE
1995
750 ml
PROPRIÉTAIRE A SAINT-ÉMILION (GIRONDE) FRANCE
BOUTEILLE AU CHATEAU
PRODUCE OF FRANCE

Canard rôti au beurre d'olives

Le Saint-James, à Bouillac

Recette de Jean-Marie Amal

Préparation : 1 h
Cuisson : 1 h 20

Pour 4 personnes
1 beau canard rouennais ou
2 petits canards croisés de colvert
250 cl de bouillon de volaille
80 cl de madère
40 cl de cognac
4 échalotes
6 grains de genièvre
80 g d'olives noires à la grecque
125 g de beurre doux
20 grains de poivre gris
sel

La sauce

Hacher le foie.

Éplucher et hacher les échalotes. Dans une petite casserole, les faire étuver dans 20 g de beurre sans leur faire prendre coloration. Déglacer au cognac. Amener à ébullition, ajouter le madère. Flamber.

Ajouter alors le bouillon de volaille et les grains de genièvre écrasés. Laisser mijoter 20 minutes à partir de la reprise de l'ébullition.

Hors du feu, plonger le foie haché dans cette sauce. Laisser reposer 5 minutes puis passer au chinois et réserver.

Le beurre d'olives

Concasser le poivre gris. Mixer grossièrement les olives dénoyautées. Les incorporer au beurre. Poivrer.

Dans le four préchauffé (th. 6, 200 °C), mettre le canard à cuire sur une plaque, 45 minutes pour un gros, 30 minutes pour les petits. Retirer la plaque du four, la dégraisser puis la déglacer avec la sauce préparée précédemment.

Lever les cuisses et les filets de canard. Réserver les filets au chaud dans la sauce et finir de cuire les cuisses, pendant 15 minutes.

Disposer cuisses et filets sur un plat de service. Arroser de la sauce.

Servir accompagné du beurre d'olives, d'une salade de navets et d'une frisée.

grand cru classé – sont des vins festifs, raffinés et chers que l'on réserve plutôt à des dîners élégants ou des occasions rares. Ils s'harmonisent avec des viandes riches – un filet de bœuf en croûte à la duxelle de champignons et au foie gras, un agneau mariné aux champignons et aux lardons –, au gibier à plume – pigeon rôti, coq au vin de saint-émilion – et aux fromages à pâte cuite pas trop forts – saint-nectaire, mimolette vieille, reblochon.

Mais pour rechercher l'accord idéal entre un mets et un vin, mieux vaut connaître le style de ce dernier. Même des vins de niveau équivalent peuvent être bien différents. Prenons l'exemple de deux premiers grands crus classés qui se trouvent à égalité dans la hiérarchie : Château Ausone et Château Cheval Blanc. À la dégustation, le style de ces deux très grands vins n'a rien de commun. À Château Ausone, le vignoble est installé aux portes de la cité, sur des terrasses argilo-calcaires, et l'encépagement fait la part belle au merlot : le vin est fin, élégant, subtil, plutôt souple, avec beaucoup de générosité. À Château Cheval Blanc, les vignes sont situées sur un plateau à proximité de Pomerol, et le cabernet franc entre pour une plus grande part dans l'assemblage des cépages : le vin gagne en structure et en puissance. Le choix des plats servis devra tenir compte de ces nuances : des gibiers, des goûts marqués pour un accord tout en puissance avec le Cheval Blanc ; des plats plus tendres, des volailles ou des viandes blanches en sauce aux champignons pour des accords tout en subtilité avec Château Ausone.

Saint-Émilion
les satellites

Page de gauche : Le village de Puisseguin, au cœur de l'appellation puisseguin saint-émilion.

Rouge

Lussac saint-émilion

Domaine du Courlat
Château Barbe-Blanche
Château Croix de Rambeau
Château Mayne-Blanc

AOC depuis novembre 1936
Superficie : 1 428 ha
Sols : calcaires, argilo-sablonneux et argilo-calcaires
Encépagement : merlot, cabernet sauvignon, cabernet franc, bouchet, malbec ou pressac
Rendement maximum autorisé : 45 hl/ha
Température de dégustation : 17 °C

1998
1996
1995
1994
1990
1989
1986
1985

Rouge

Montagne saint-émilion

Château Roc de Calon
Château Faizeau
Château Maison Blanche
Château Moulin Noir

AOC depuis novembre 1936
Superficie : 1 565 ha
Sols : calcaires, argilo-sablonneux et argilo-calcaires
Encépagement : merlot, cabernet sauvignon, cabernet franc, bouchet, malbec ou pressac
Rendement maximum autorisé : 45 hl/ha
Température de dégustation : 17 °C

1998
1996
1995
1994
1990
1989
1985
1985

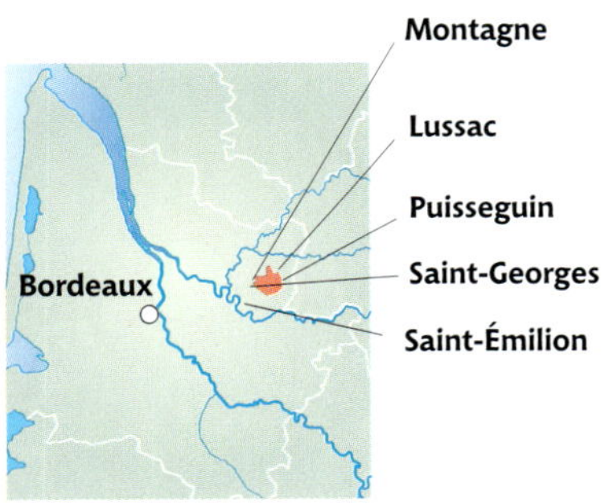

Rouge

Puisseguin saint-émilion

Château Branda

Château Bel-Air

Château Haut Saint-Clair

Château Rigaud

AOC depuis novembre 1936
Superficie : 736 ha
Sols : calcaires, argilo-sablonneux et argilo-calcaires
Encépagement : merlot, cabernet sauvignon, cabernet franc, bouchet, malbec ou pressac
Rendement maximum autorisé : 45 hl/ha
Température de dégustation : 17 °C

1998

1996

1995

1994

1990

1989

1986

1985

Page de droite :
Dans les vignes de Roc de Calon, Bernard Laydis.

Rouge

Saint-Georges saint-émilion

Château Saint-André Corbin

Château Cap d'Or

Château Troquart

AOC depuis novembre 1936
Superficie : 172 ha
Sols : calcaires, argilo-sablonneux et argilo-calcaires
Encépagement : merlot, cabernet sauvignon, cabernet franc, bouchet, malbec ou pressac
Rendement maximum autorisé : 45 hl/ha
Température de dégustation : 17 °C

1998

1996

1995

1994

1990

Au nord-est du village de Saint-Émilion s'étend une zone de collines au sous-sol varié et couvertes de vignobles. Tout ce secteur, qui autrefois dépendait de la juridiction de Saint-Émilion, correspond à quatre appellations – lussac, montagne, puisseguin et saint-georges – qui ont le droit d'accoler à leur nom le suffixe « saint-émilion ». Très proches les unes des autres, elles forment un ensemble de « satellites » de la planète Saint-Émilion, et produisent, comme leur prestigieuse voisine, des vins rouges de haut niveau dominés par le merlot.

Il est bien difficile de départager, à la dégustation, un lussac d'un puisseguin ou d'un montagne saint-émilion. Chaque vin pourtant se fait le reflet de son terroir, les montagne provenant, comme leur nom l'indique, d'une zone plutôt vallonnée, alors que les saint-georges sont produits sur des terrains en pente plus douce. Cependant, les quatre appellations, qui ont toujours été très liées historiquement, restent proches les unes des autres. Elles donnent des vins d'assez bonne garde, qui offrent d'ordinaire un rapport qualité-prix tout à fait convenable. Ils méritent d'être appréciés tout au long de l'année, avec une petite prédilection pour les déjeuners de journées fraîches, en automne ou au printemps.

Lussac saint-émilion

À Lussac, les vignes se sont développées au XVIIe siècle, sous l'impulsion de la puissante abbaye cistercienne de Faise, qui entendait ainsi tirer parti des terres calcaires particulièrement pauvres dont elle était propriétaire. Le vin de Lussac avait d'ailleurs gagné Paris et était servi à la Cour. Au siècle suivant, les abbés de Faise, qui ne sont autres que des membres de la famille du philosophe Montesquieu, se chargent d'assurer la notoriété du vignoble. Avec quelque mille quatre cents hectares en production, l'aire actuelle de lussac saint-émilion s'étend sur des terroirs assez diversifiés où prédominent les coteaux calcaires.

Le Château du Courlat se situe sur la commune de Lussac. Son propriétaire, Pierre Bourotte – qui possède aussi le Château Les Hauts Conseillants en lalande de pomerol ainsi que le Château Bonalgue et le remarquable Clos du Clocher en pomerol – exploite un domaine de vingt-cinq hectares (dont dix-sept en vignes) sur des coteaux argilo-calcaires. L'encépagement reste traditionnel de la région de Saint-Émilion : merlot majoritaire (70 %) et cabernets (franc et sauvignon). Le

Le vin de Courlat, à la robe rouge grenat profond, est typique de ce château.

1998
CHATEAU
ROC de CALON
MONTAGNE SAINT-EMILION
APPELLATION MONTAGNE SAINT-ÉMILION CONTRÔLÉE
Cuvée Prestige
12,5% vol.
BERNARD LAYDIS VITICULTEUR A MONTAGNE (GIRONDE) FRANCE
MIS EN BOUTEILLE AU CHATEAU
PRODUIT DE FRANCE

millésime 1999 de Château du Courlat m'a paru très réussi pour un vin de cette appellation : robe rouge grenat profond, nez de fruits frais – noirs et rouges – de noyaux de cerise, bouche onctueuse. Typique de cette maison que je connais depuis longtemps et dont j'ai pu, année après année, apprécier le travail, ce lussac est l'exemple même d'un vin qui allie une certaine noblesse, une belle longueur, une suavité exceptionnelle et un très joli potentiel de garde.

Montagne saint-émilion

Le vignoble de montagne saint-émilion jouxte les terres de l'appellation saint-émilion par le nord-ouest, dont il est séparé par un cours d'eau, la Barbanne. Au cœur de cette zone, le Château Roc de Calon, qui compte vingt hectares de vignes encépagées en merlot (75 %) et en cabernets (25 %), date seulement des années vingt. Mais le travail accompli dans cette exploitation familiale donne aujourd'hui les résultats espérés, avec par exemple un 1996 fin et élégant, à la robe grenat parée de reflets brique : le vin est souple, velouté, avec des arômes à la fois fruités et floraux, auxquels se joignent des notes un peu torréfiées ; l'excellente maturité des tannins confère à ce montagne saint-émilion une astringence soyeuse et un bon équilibre.

Les fromages du Massif central s'entendent à merveille avec tous les vins des appellations satellites de saint-émilion.

Page de droite :
Le Château Branda a été édifié probablement à l'emplacement d'une ancienne villa gallo-romaine.

Le mariage heureux
... avec un lussac, un montagne, un puisseguin ou un saint-georges saint-émilion :
• Matelote d'anguilles aux vermicelles frits.

Puisseguin saint-émilion

L'appellation puisseguin saint-émilion représente quant à elle la limite orientale de l'aire des saint-émilion. Avec un peu plus de sept cents hectares en production, c'est aujourd'hui l'une des plus modestes en superficie de l'ensemble du Bordelais. La géologie des terres montre une vraie continuité avec les coteaux de Saint-Émilion ; le vignoble est installé sur une table calcaire à la surface de laquelle s'étendent des formations argilo-sableuses. Sur le rebord du plateau se situe le Château Branda, à l'emplacement sans doute d'une ancienne villa gallo-romaine. Il doit son nom – Brandes, ou « bruyères » en latin médiéval –

Des vins de bonne garde pour les journées fraîches d'automne et de printemps

à la pauvreté de ses sols. Naguère exploité par un grand groupe français, le Château Branda a changé de mains en 1998 lorsqu'il a été acquis par Guy Benjamin, Yves Blanc et Arnaud Delaire. On y produit un remarquable puisseguin saint-émilion : le millésime 1998 montre une couleur lumineuse et soutenue, proche du rouge pourpré ; on retrouve, au nez, les arômes typiques du saint-émilion classique – violette, cassis – et un boisé moyen, très bien dosé, que l'on dénote à travers des arômes de chêne vanillé. Au palais, le vin est fin, suave et velouté, avec des tannins très doux, onctueux, et une texture moelleuse, reflet d'un millésime à la fois tendre et mûr.

Saint-Georges saint-émilion

Saint-georges est enfin la dernière et la plus confidentielle (cent soixante-douze hectares) des appellations satellites de saint-émilion. Géographiquement, elle est, comme montagne saint-émilion, très proche de la zone de l'appellation mère. Installé sur des coteaux argilo-calcaires, le Château Saint-André Corbin (dix-neuf hectares encépagés pour 70 % en merlot) est la propriété d'Alain Moueix – qui exploite par ailleurs le Château Mazeyres en pomerol. Le site du domaine correspond ici encore à celui d'une grande villa gallo-romaine qui appartint, pense-t-on, au consul Ausone au IVe siècle. J'ai pu goûter un Saint-André Corbin 1989 : la couleur – reflets brique orangé sur robe grenat – montrait déjà des signes d'évolution, comme le nez où j'ai découvert des notes tertiaires de sous-bois truffé et même un côté presque iodé. En bouche, la présence de saveurs très automnales (champignons, sous-bois, humus) s'accordait parfaitement à l'onctuosité du vin. La densité, les tannins « serrés », la longueur sont la preuve de la vivacité d'un saint-georges dans un bon millésime ; en même temps, la souplesse du merlot et le côté caressant donné par des tannins bien fondus assurent à ce vin un équilibre optimal.

Toutes les appellations satellites de saint-émilion proposent donc des produits attachants et souvent peu connus, qu'il faut découvrir entre amis ou en famille. Jeunes – de trois à six ans –, on servira ces vins plu-

Les suggestions de Château Saint-André Corbin :

- Gigot d'agneau de Barèges et haricots tarbais.
- Épaule d'agneau farcie au Maury et cocos à la crème d'ail.
- Rôti de bœuf au gros sel et cèpes.
- Confit landais avec pommes sarladaises.
- Cochon de lait farci et pommes de terres cuites au jus.
- Navarin d'agneau aux fèves.
- Haxoa d'Espelette.
- Rôti de veau aux rognons et navets glacés.

tôt au déjeuner, en se rappelant qu'ils conviennent mieux aux journées de demi-saison qu'au plein hiver. Ils apprécient alors la compagnie de viandes rustiques : un jeune lussac par exemple s'accommodera parfaitement d'une bavette à l'échalote, d'une entrecôte à la bordelaise ou encore de poires pochées au vin rouge.

Si le vin est entré dans sa maturité – de six à dix, voire douze ans –, on le préférera au dîner, avec une volaille cuisinée – une canette rôtie aux pleurotes, un perdreau aux lentilles, un coq au vin –, des poissons en matelote ou des œufs en meurette. N'oublions pas les accords avec les champignons – la truffe s'entend à merveille avec le merlot – ou avec les fromages du Massif central : cantal entre-deux, salers ou laguiole.

Le domaine de Château Saint-André Corbin correspond à celui d'une villa gallo-romaine qui aurait appartenu à Ausone au IVe siècle.

SAINT-ESTÈPHE

Rouge

Château Phélan Ségur
Château Calon-Ségur
Château Cos d'Estournel
Château Haut-Marbuzet
Château Le Crock
Château Les Ormes de Pez
Château Lilian Ladouys
Château Meyney
Château Montrose
Château de Pez

AOC depuis septembre 1936
Superficie : 1 229 ha
Sols : argilo-graveleux
Encépagement : cabernet sauvignon, cabernet franc, merlot, carmenère, malbec, petit verdot
Rendement maximum autorisé : 45 hl/ha
Température de dégustation : 18 °C

1996

1990

1989

1986

1982

Au bout de la route, l'immense propriété de Phélan Ségur à l'orée du village de Saint-Estèphe.

Parmi les six appellations communales du Médoc, saint-estèphe est la plus septentrionale – à la limite des appellations haut-médoc et médoc ; elle est aussi la plus vaste. Malgré sa proximité avec les terres du pauillac, dont elle est séparée par un petit cours d'eau, elle est installée sur des sols plus lourds, un peu moins drainés, et ses vins montrent une franche typicité. Amples, puissants, rocailleux dans leur jeunesse, les saint-estèphe sont d'extraordinaires vins de garde qui appellent à leurs côtés des mets raffinés et capables d'absorber leurs tannins.

Le vignoble de saint-estèphe, qui correspond presque entièrement à la commune du même nom, couvre de petits mamelons entrecoupés par un plateau, sur des sols de graves sablonneuses au-dessus de bandes argilo-calcaires. Le paysage, assez austère et caillouteux, est discrètement vallonné à

En haut : *dégustation au château pour Philippe Faure-Brac et Thierry Gardinier.*

Ci-dessous et page de droite : *Phélan Ségur compte d'immenses bâtiments, tous rénovés et entretenus, au cœur d'un parc magnifique.*

mesure que l'on s'éloigne de l'estuaire de la Gironde. Les vins rouges de saint-estèphe rendent bien compte de la sévérité des lieux : charnus, fortement tanniques, parfois marqués d'un peu d'acidité, ils gardent au fil de leur (longue) vie la marque de leur terroir. La dureté de leur jeunesse exige de la patience : ce sont des vins très charpentés, rugueux même, qu'il vaut mieux éviter de boire avant une dizaine d'années de vieillissement. Mais ces vins rouges magnifiques s'accommodent à merveille des préparations automnales, et leur élégance terrienne sied bien aux déjeuners dominicaux.

Depuis le XIXe siècle, au cours duquel s'est établie la hiérarchie des vins médocains, l'appellation de saint-estèphe compte cinq grands crus classés qui lui ont donné ses lettres de noblesse et une renommée internationale : Château Cos d'Estournel, Château Montrose, Château Calon-Ségur, Château Lafont-Rochet et Château Cos-Labory. Très chers, ces vins, considérés comme les vedettes de l'appellation, sont hors de portée de la plupart des amateurs qui, heureusement, ont à leur disposition un grand nombre de crus bourgeois de saint-estèphe très intéressants.

Un des meilleurs crus bourgeois de saint-estèphe

Parmi ceux-ci, j'aime beaucoup le Château Phélan Ségur, l'un des plus étendus de tout le Médoc. Constitué au XIXe siècle par la réunion de deux propriétés, Phélan Ségur totalise près de cent hectares, dont soixante-dix plantés de vignes. Le fondateur de la propriété, M. Phélan, était d'origine irlandaise ; tombé amoureux de Saint-Estèphe et doté d'un goût remarquable, il fit construire sur son domaine des bâtiments prestigieux, se passionna pour la vigne et occupa pendant trente ans la fonction de maire de la commune. Un siècle et demi plus tard, Phélan Ségur n'est toujours pas aux mains de propriétaires bordelais, puisque c'est Xavier Gardinier, venu d'une grande famille champenoise, qui avec ses trois fils en a fait l'acquisition en 1985. L'encépagement du domaine reste parfaitement traditionnel : 60 % de cabernet sauvignon, 30 % de merlot, 10 % de cabernet franc, avec quelques très vieilles vignes (soixante ans) et un âge moyen des pieds (trente ans) tout à fait respectable. Le Château produit quatre cent mille bouteilles annuelles sous deux étiquettes : Château Phélan Ségur, l'une des vraies valeurs sûres de l'appellation saint-estèphe ; et Château Frank Phélan, le second vin du Château, qui lui n'est pas classé cru bourgeois. Le Phélan Ségur, élevé en barriques pendant

dix-huit mois, peut être apprécié au bout de dix à douze ans. Le millésime 1998, que j'ai goûté sur place, m'a paru franc, facile à déguster, avec un joli nez de cassis, de mûre, de réglisse. Concentré, dense, d'une très belle rondeur, il montre des tannins presque violents qui lui assureront, le temps passant, une texture remarquable. Le 1995 dévoile des tannins déjà plus fondus, qui permettront d'apprécier ce vin dès... 2005. Le millésime 1994, de couleur sombre, profonde, révèle d'emblée une exceptionnelle densité. À des arômes de fruit noir bien marqués se mêlent des notes toastées raffinées qui évoquent le jus rôti et les épices. En bouche,

Suave et souple, Phélan Ségur est un vin de plaisir

l'équilibre est parfait entre le moelleux de la texture et des tannins fins, et le vin fait preuve d'une formidable longueur : il sera apprécié au bout de dix ans de vieillissement au moins. Quant au Phélan Ségur 1996, il expose sa couleur très sombre, preuve d'une extraction poussée, et montre une grande subtilité. Vin de plaisir par excellence, il se fait remarquer par une attaque à la fois suave et souple qui précède une libération brusque des tannins, dans une sorte d'explosion gustative d'une étonnante richesse. Comme tous les saint-estèphe de qualité, ce vin évoque les repas dominicaux et les ambiances de fête. Il faut le boire avec des plats généreux, en hiver ou en automne.

Oie rôtie à la sarladaise

Château Phélan Ségur

Préparation : 50 mn
Cuisson : 2 h

Pour 6 personnes
1 jeune oie avec son foie
200 g de petit-salé
200 g de cèpes émincés
200 g de truffes émincées
1,2 kg de pommes de terre charlotte
1 œuf
300 g d'oignons hachés
200 g de mie de pain fraîche
beurre clarifié
persil
huile d'olive
sel, poivre

Demander au boucher une oie prête à rôtir, avec son foie.

Hacher le foie cru et le persil.

Gratter et émincer les cèpes.

Découper le petit-salé en lardons. Les blanchir 1 minute à l'eau bouillante non salée. Les faire sauter à la poêle dans un peu d'huile : ils doivent rester souples et sans coloration. Les retirer à l'écumoire, réserver.

Faire sauter les cèpes. Quand ils sont cuits, les réserver avec les lardons.

Faire revenir doucement les oignons qui ne doivent pas se colorer.

Hors du feu, dans une terrine, mélanger les oignons cuits et la mie de pain. Ajouter les lardons, les cèpes, le foie, l'œuf et le persil. Saler et poivrer.

Garnir l'oie avec cette farce et la brider. Dans un plat à rebords assez hauts, déposer un peu d'huile et de beurre clarifié, puis l'oie farcie. Mettre à rôtir au four à chaleur moyenne (th. 6, 200 °C) en arrosant souvent. Au bout d'une heure, retourner l'oie et saupoudrer de sel fin.

Trois quarts d'heure avant la fin de la cuisson de l'oie, éplucher et essuyer les pommes de terre. Les couper en tranches de 3 mm d'épaisseur. Faire chauffer dans une poêle antiadhésive un peu de beurre clarifié, y faire sauter les pommes de terre salées et poivrées, en remuant souvent. Elles doivent être bien dorées. Ajouter alors les truffes émincées, en les faisant sauter délicatement.

Pour la présentation, découper l'oie, la disposer dans un plat en plaçant au centre la farce. Arroser d'un peu de jus de cuisson et servir le reste en saucière.

On peut proposer les pommes sarladaises dans le même plat ou séparément.

1996
Château
Phélan Ségur
Saint-Estèphe

Le mariage heureux
... avec un saint-estèphe :
Oie rôtie aux pommes sarladaises.

Le gibier et les viandes rouges lui conviennent vraiment bien, à condition d'être cuits suffisamment pour que les chairs semblent confites. La texture d'un canard sauvage ou une souris d'agneau cuite au four très lentement forment ainsi des harmonies particulièrement heureuses avec les tannins d'un saint-estèphe.
Les légumes verts sont à proscrire : ils sont trop aqueux pour permettre de déguster ces vins qui préfèrent la présence de l'amidon des féculents. Les pommes de terre, surtout si elles sont cuisinées avec des champignons fins comme les cèpes, sont de parfaits compagnons de ces robustes vins médocains.
Quant aux fromages, mieux vaut oublier les pâtes très crémeuses, qui font bien meilleure figure auprès des vins du Libournais, et leur préférer la texture serrée d'un gouda ou d'une mimolette, voire d'un comté ou d'un beaufort.

Dense et de couleur très sombre, le saint-estèphe de Phélan Ségur est un bel exemple d'équilibre entre concentration et finesse.

Page de gauche :
Le clocher de Saint-Estèphe semble veiller sur le vignoble de Phélan Ségur.

SAINT-JULIEN

Autour du village de Saint-Julien-Beychevelle, les croupes de graves profondes s'étirent presque jusqu'en bordure de la Gironde. Sur moins de mille hectares de sols maigres et caillouteux sont concentrés plus d'une dizaine de crus classés. Vins d'équilibre, les saint-julien sont les aristocrates du Médoc. Leur harmonie trouve sa place entre la grandeur des pauillac et la subtilité des margaux, et peu d'appellations peuvent s'enorgueillir d'un niveau qualitatif aussi homogène. Vins chers et raffinés, les saint-julien sont réservés à des occasions festives.

Ils sont onze : Châteaux Léoville Las Cases, Léoville Poyferré et Léoville-Barton, Châteaux Beychevelle et Branaire, Châteaux Gruaud-Larose et Ducru-Beaucaillou, Châteaux Lagrange et Langoa-Barton, Châteaux Saint-Pierre et Talbot. Onze crus classés de renommée internationale, répartis au cœur du Médoc sur des terres que la nature semble avoir créées pour la vigne. Depuis les bords du fleuve jusqu'aux croupes les plus éloignées de l'estuaire, chaque parcelle y a

Rouge

Château Branaire
Château Beychevelle
Château Ducru-Beaucaillou
Château Gruaud-Larose
Château La Bridane
Château Lagrange
Château Léoville-Barton
Château Léoville Las Cases
Château Léoville Poyferré
Château Saint-Pierre

AOC depuis novembre 1936
Superficie : 906 ha
Sols : graves garonnaises
Encépagement : cabernet sauvignon, cabernet franc, merlot, carmenère, malbec, petit verdot
Rendement maximum autorisé : 45 hl/ha
Température de dégustation : 18 °C

1996

1990

1989

1986

1982

Page de gauche :
La belle façade Directoire de Château Branaire.

son identité. D'une élégance suprême, les vins de l'appellation communale saint-julien témoignent d'un raffinement hors du commun.

L'histoire du Château Branaire (Duluc-Ducru) se confond à l'origine avec celle de son voisin, Château Beychevelle. Au milieu du XVIIe siècle, en effet, le domaine de Beychevelle fut vendu à la couronne de France pour régler les dettes de son propriétaire récemment disparu, le duc d'Épernon. Quelques années plus tard, un magistrat de Bordeaux, Jean-Baptiste Braneyre, put en acquérir une partie, à laquelle il donna son nom. Au début du XVIIIe siècle, une demoiselle Braneyre épousa un Pierre du Luc, et leur fils se dépêcha, à la Révolution, de devenir simplement Duluc : de nos jours, le Château Duluc est le second vin du domaine. L'histoire ne dit pas pourquoi « Braneyre » s'est transformé en « Branaire », mais on sait que le nom de Ducru vient, lui, d'un autre propriétaire des lieux à la fin du XIXe siècle. Le bâtiment principal, de proportions classiques et équilibrées, date du Directoire. Classé quatrième cru en 1855, le vignoble – trente-cinq ans en moyenne – de Branaire s'étale sur une cinquantaine d'hectares de belles graves garonnaises du quaternaire qui dominent la Gironde. On y retrouve l'encépagement idéal du Médoc : trois quarts de cabernets, sauvignon et franc, 22 % de merlot et 3 % de petit verdot.

L'acquisition du château par un groupe familial français, en 1988, a permis de rénover complètement le cuvier et les chais. Aux côtés de Philippe Dhalluin, le directeur du domaine, Patrick Maroteaux, le président, a fait, pour ces installations, le choix de la modernité ; ainsi Branaire, en 1991, s'est-il vu doter d'un cuvier qui met à profit une déclivité du terrain pour acheminer les grains par gravité, en évitant tout système de pompage. Les raisins de chaque parcelle sont évidemment vinifiés séparément, et les assemblages sont réalisés avant l'élevage qui se poursuit, dix-huit mois durant, dans des barriques de chêne renouvelées chaque année par moitié. Les saint-julien de Château Branaire sont de splendides exemples du charme de cette appellation : fins, suaves et raffinés, ils montrent une structure vigoureuse, fruit d'une extraction bien conduite.

Fin, suave et raffiné, le charme des saint-julien

J'ai eu le privilège de déguster cette année au château un millésime 1966. De couleur grenat, avec des reflets tuilés, le vin montrait encore une très belle densité. Les arômes de sous-bois, d'humus, de champignons, avec des notes à la fois automnales et torréfiées dénotaient la phase tertiaire de l'évolution du vin. En bouche, ce saint-julien était à son apogée : attaque souple et suave, tannins parfaitement intégrés, longueur magnifique témoignaient d'un complet épanouissement, preuve, s'il en était besoin, du potentiel de garde exceptionnel de ces grands vins du Médoc.

Derrière la sobre façade de Château Branaire, se dissimulent des pièces de réception simples et chaleureuses.

Le mariage heureux
... avec un saint-julien :
- Pigeon braisé au chou.

Terrine de faisan et foie gras

Château Branaire

Préparation : 40 mn
Cuisson : 2 h
Réfrigération : 1 nuit et 3 jours

Pour 8 personnes
1 faisan de 1,5 kg
1 lobe de foie gras de canard de 500 g
1 œuf
1 barde de lard de 50 x 15 cm
1 morceau de crépine
10 cl de cognac
5 cl de porto
4 échalotes
1 botte de cerfeuil
1 sachet de gelée
sel, poivre

Découper les blancs du faisan en lamelles, saler, poivrer. Arroser avec le mélange cognac et porto et mettre au frais toute une nuit au réfrigérateur.

Le lendemain, hacher la chair des cuisses et le foie du faisan.

Peler et hacher grossièrement les échalotes. Les mélanger avec le cerfeuil haché et l'œuf. Saler, poivrer.

Dénerver le foie gras et le détailler en cinq escalopes épaisses. Saler, poivrer.

Préchauffer le four (th. 4, 120 °C).

Tapisser le fond d'une terrine en terre à feu de barde de lard. Déposer en couches successives la chair hachée, le foie gras et les lamelles des filets de faisan, en terminant par une couche de chair hachée. Recouvrir de la crépine en la faisant redescendre le long des bords intérieurs du plat.

Cuire 2 heures au bain-marie au four.

Retirer la graisse de cuisson après refroidissement. Recouvrir de gelée et laisser reposer trois jours au frais avant de servir.

Page de droite *: Simplicité des côtes d'agneau grillées pour accompagner la délicatesse d'un saint-julien.*

La finesse d'une volaille se marie bien à la délicatesse d'un saint-julien

À mon sens, la délicatesse d'un saint-julien s'accorde mal à une viande rouge. C'est avec les volailles et le gibier à plume que je préfère profiter de ces vins : la finesse de la chair du volatile s'allie alors parfaitement à l'onctuosité séveuse d'un grand saint-julien. Bien sûr, on peut toujours accompagner ces vins de simples côtes d'agneau grillées aux herbes. Mais un pigeon braisé, ou rôti « à la goutte de sang » (c'est-à-dire cuit tout juste pour conserver une chair de couleur rosée) me semble mille fois préférable. Un faisan, une bécasse, des cailles même pourront aussi convenir. Un salmis de pintade ou des tranches fines, à peine cuites, de magret de canard formeront également une belle alliance avec un saint-julien jeune, aimable, ample et harmonieux. Pour les légumes, il faudra se méfier des légumes verts, à moins qu'il ne s'agisse de chou, préparé braisé, ou de choux de Bruxelles. Si l'on préfère des féculents, des châtaignes, en automne, accompagnent idéalement le gibier. Un saint-julien évolué demande plutôt une belle volaille rôtie – une oie, un chapon – garnie de champignons. Et pour les fromages, il vaut mieux éviter les pâtes trop crémeuses, qui ont tendance à alourdir le vin, et préférer des accords tournés vers des pâtes cuites dures comme une mimolette étuvée ou un vieux fromage de Hollande.

1995
LUC-DUCRU)

1990
CROIX-DU-MONT
Réserve du Château
Nº 027912
ARMAND & FILS
Sainte-Croix-du-Mont (Gironde)
PRODUIT DE FRANCE

SAINTE-CROIX-DU-MONT

Liquoreux

Château La Rame
Château Crabitan-Bellevue
Château Lousteau-Vieil
Château des Mailles
Château Peyrot-Marges

AOC depuis septembre 1936
Superficie : 465 ha
Sols : calcaires, avec quelques zones graveleuses
Encépagement : sémillon, sauvignon, muscadelle
Rendement maximum autorisé : 40 hl/ha
Température de dégustation : 9 °C

1997
1990
1989
1976
1975

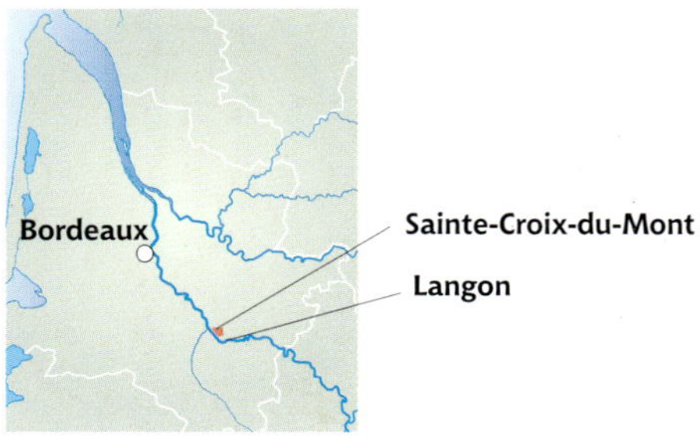

Page de gauche :
Sainte-croix-du-mont, de l'or à prix doux.

Situé dans le prolongement des appellations cadillac et loupiac, le vignoble de sainte-croix-du-mont constitue, sur la rive droite de la Garonne, l'extrémité de cette zone de production de vins liquoreux, face aux collines de Barsac. Les vignes, plantées sur des coteaux assez raides, donnent généralement d'excellents vins gras et pleins, complexes et denses, qui conviennent aux occasions festives et méritent souvent mieux que leur réputation de « faux sauternes ».

Le terroir des sainte-croix-du-mont offre toutes les conditions de la réussite : des sols plutôt maigres, en majorité calcaires, sur des pentes bien exposées et touchées, en septembre, par les brouillards qui montent de la Garonne et favorisent, comme à Sauternes, Cérons ou Barsac, l'apparition du fameux *botrytis cinerea.* Comme les autres moelleux de la région, le sainte-croix-du-mont souffre à coup sûr de la prééminence du sauternes, et l'on a eu vite fait de le ranger dans la catégorie des vins assez bon marché, lourds et

1994
SAINTE-CROIX-DU-MONT
Réserve du Château
Nº 007918
Y. ARMAND & FILS
PRODUIT DE FRANCE
1994
SAINTE-CROIX-DU-MONT
Appellation Sainte-Croix-du-Mont
Nº 007919
Y. ARMAND & FILS
MISE EN BOUTEILLES AU CHATEAU
1994
SAINTE-CROIX-DU-MONT
Réserve du Château
Nº 007916
Y. ARMAND & FILS
PRODUIT DE FRANCE

1994
SAINTE-CROIX-DU-MONT
Réserve du Château
Nº 007917
Y. ARMAND & FILS
PRODUIT DE FRANCE

Le mariage heureux
... avec un sainte-croix-du-mont :
• Médaillons de veau aux morilles et au sainte-croix-du-mont.

sucrés, indignes de figurer dans la cave d'un amateur de bordeaux. Rien n'est plus faux, à mon avis : un sainte-croix-du-mont trouve une place de choix sur nos tables de fête, pour peu qu'il provienne d'une bonne maison et qu'on lui ait accordé les cinq à dix ans qu'il réclame pour être au meilleur de sa forme.

Complexe et dense, un compagnon des moments heureux

Le Château La Rame est une propriété ancienne, rachetée dans les années cinquante par la famille Armand, qui cultivait déjà la vigne dans la région depuis un demi-siècle. Installés sur les flancs d'une colline qui surplombe la Garonne en direction du sud, les vingt hectares du domaine sont entièrement consacrés à l'élaboration de liquoreux et sont plantés de sémillon (80 %) et de sauvignon (20 %), dont la moyenne d'âge avoisine les quarante-cinq ans. Récoltés à partir d'octobre par tries successives, les grains botrytisés sont vinifiés en deux à trois semaines, avant d'être élevés en barriques pendant deux ou trois ans. Si l'année est vraiment bonne, les meilleurs d'entre eux fourniront le vin très exclusif de La Réserve du Château, les autres seront commercialisés sous le nom de Château La Rame.

On voit bien comment, en appliquant des méthodes dignes des meilleurs crus du Sauternais, les propriétaires de La Rame sont

Sa douceur très aromatique permet au sainte-croix-du-mont de se marier harmonieusement aux desserts à base de fruits ou même de chocolat, agrémenté d'agrumes confits.

parvenus à hisser la qualité de leurs vins à un excellent niveau. J'en ai encore eu la preuve en dégustant un millésime pourtant très récent, 1997, de La Réserve du Château. Malgré sa jeunesse, le vin a déjà pris une belle couleur dorée – comme du soleil emprisonné dans le verre. La viscosité est exemplaire, le vin est gras et très aromatique, avec des senteurs classiques de fruits confits, de miel et d'agrumes, auxquelles s'ajoutent, et c'est plus original, une touche de poire confite et de fleurs blanches printanières.

Médaillons de veau aux morilles et au sainte-croix-du-mont

Château La Rame

Préparation : 10 mn
Cuisson : 12 mn

Pour 6 personnes
1 kg de filets de veau
25 cl de sainte-croix-du-mont
100 g de morilles
50 g de beurre
2 cuillerées de farine
sel, poivre

Nettoyer les morilles.

Découper les filets de veau en six médaillons. Les fariner légèrement et les poêler à feu vif dans le beurre, 2 ou 3 minutes. Réserver au chaud.

Dégraisser la poêle, mouiller avec le sainte-croix-du-mont et laisser réduire 4 minutes environ.

Ajouter les morilles, laisser cuire à couvert sur feu doux pendant 5 minutes.

Saler, poivrer.

Dresser les médaillons, les napper de sauce bien chaude et servir sans attendre.

On peut aussi accompagner ce plat de petites pommes de terre sautées.

Un vin à « oublier » dans la cave pendant quinze ans

Cette cuvée, très concentrée, est encore marquée, au palais, par les arômes de vanille et de bois de son récent élevage. Mais je ne doute pas que le temps permette à cette bouteille – d'un millésime par ailleurs excellent pour tous les liquoreux – d'acquérir une harmonie idéale. À mon sens, il ne faut pas ouvrir cette bouteille avant sept à huit ans, et il vaut mieux la conserver dans sa cave une bonne quinzaine d'années.
Que peut-on servir avec les sainte-croix-du-mont qui constituent, on le voit, une famille de vins riches, concentrés et bien denses ? Des préparations à base de poissons, bien sûr, ou de crustacés chauds, servis avec des sauces onctueuses : du turbot ou de la barbue à la crème, des filets de sole au sainte-croix-du-mont, de la blanquette de poissons nobles. Une poularde truffée, demi-deuil par exemple, avec une sauce au sainte-croix-du-mont, peut former une association gourmande et très raffinée. Pour un dessert, le Château La Rame lui-même recommande la tarte au chocolat et aux framboises : l'idée me paraît séduisante, puisque la présence des fruits rouges, un peu acides, se montrera en mesure d'équilibrer la douceur naturelle du vin.

CHATEAU
PICANT
LVCVLLVS
SAINTE-FOY BORDEAUX

*S*AINTE-FOY BORDEAUX

Blanc et Moelleux

Château Hostens-Picant (sec)

AOC depuis juillet 1937
Superficie : 41 ha
Sols : argilo-calcaires
Encépagement : sémillon, sauvignon, muscadelle (cépages principaux) ; merlot blanc, colombard, mauzac, ugni blanc (cépages accessoires)
Rendement maximum autorisé : 55 hl/ha
Température de dégustation : 9 °C

1998
1996
1995

Rouge

Château Hostens-Picant
Château L'Enclos
Château des Thibeaud
Château de Vacques

AOC depuis juillet 1937
Superficie : 168 ha
Sols : argilo-calcaires et graveleux
Encépagement : cabernet sauvignon, cabernet franc, merlot, malbec, petit verdot
Rendement maximum autorisé : 50 hl/ha
Température de dégustation : 17 °C

1998
1996
1995
1990
1989

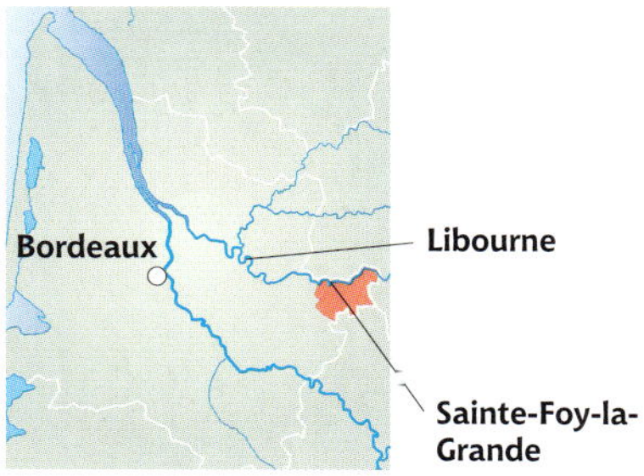

Deux cents hectares : voilà toute la superficie de cette appellation bordelaise excentrée qui s'étage sur les flancs du secteur de Sainte-Foy-la-Grande, à la limite du département de la Dordogne. Le vignoble produit, sur des terres au sous-sol varié, des vins rouges assez complets que l'on aime en toute saison pour leur souplesse et leur prix attrayant. Quant aux blancs de sainte-foy, peu nombreux, ils sont traditionnellement élaborés en moelleux, mais la tendance actuelle les pousse vers des vins plus secs.

Sainte-foy bordeaux blanc

Alors que l'appellation sainte-foy est née dans les années trente, en même temps que le fronsac ou le saint-émilion, elle n'a été que peu utilisée jusqu'à un passé récent, les vignerons préférant s'en tenir, sur leurs étiquettes, à un classique « bordeaux » rouge ou blanc.

C'est en 1986 que Nadine et Yves Picant ont acquis le Château Hostens-Picant, à une vingtaine de kilomètres de Saint-Émilion. Depuis, ils exploitent avec beaucoup de sérieux et d'esprit de recherche ce domaine qui compte quarante hectares, dont neuf sont plantés de cépages blancs dans des proportions très traditionnelles (60 % sémillon, 30 % sauvignon, 10 % muscadelle). Leur Hostens-Picant blanc, cuvée Les Demoiselles, est à son sommet entre trois et six ans. Il sera très agréable lors de déjeuners de printemps qui verront s'épanouir ses arômes de fruits mûrs – agrumes et ananas –, soutenus par un boisé vanillé très présent. Le millésime 1995, franc et souple, gagne à n'être pas servi trop froid (10 à 12 °C me semblent des températures idéales), pour conserver son côté assez chaleureux en fin de bouche. Je l'ai assorti, lors de la dégustation, à une tranche de thon blanc grillée sur peau et relevée d'une sauce un peu pimentée : l'accord

La cuvée Les Demoiselles de Château Hostens-Picant est marquée de délicats arômes d'agrumes et d'ananas.

Le mariage heureux

... avec un sainte-foy bordeaux blanc :

• Papillote de thon albacore, julienne de légumes et sauce au beurre blanc, vin blanc et ciboulette hachée.

Un vin caractéristique de l'assemblage des cépages sémillon et sauvignon

entre textures et saveurs m'a semblé tout à fait convaincant. Mais on pourrait imaginer des alliances tout aussi réussies avec une assiette de gambas grillées arrosées de citron et de fleur de sel. Ou encore avec des viandes blanches, froides de préférence, comme un rôti de porc ou une salade de suprêmes de volaille servis avec une mayonnaise légèrement tomatée. Tous les fromages de chèvre seront évidemment bienvenus avec ce vin blanc qui garde trace de son élevage en fût ; un banon, un picodon de la Drôme ou un saint-marcellin pas trop affiné pourraient aussi figurer sur le plateau de fromages servi avec ce sainte-foy bordeaux à la structure équilibrée.

Saint-foy bordeaux rouge

C'est surtout par l'entremise de ses vins rouges – qui allient la rondeur des vins du Libournais à la minéralité des graves – que l'appellation (un peu confidentielle) sainte-foix-bordeaux cherche à se faire mieux connaître. Les rouges constituent en tout cas d'excellentes surprises à faire à ses amis au cours de déjeuners un peu informels ! Il faut leur accorder trois ans de vieillissement avant d'en profiter vraiment ; mais on peut sans danger conserver les bouteilles des bons millésimes une dizaine d'années.

Au Château Hostens-Picant, trente et un

Lamproie à la bordelaise

Château Hostens-Picant

Préparation : 1 h
Cuisson : 3 h

Pour 8 personnes
2 lamproies
2 oignons
4 carottes
500 g de champignons de Paris
6 poireaux
graisse d'oie
15 g de beurre
1 bouquet garni
1/2 tête d'ail
vinaigre balsamique
3 carrés de chocolat noir non sucré
3 l de sainte-foy bordeaux rouge
farine
sel, poivre

Se procurer des lamproies vivantes, les saigner et récupérer le sang. Ajouter un filet de vinaigre balsamique pour éviter la coagulation.

Dans une cocotte en fonte, faire revenir dans un peu de graisse d'oie les oignons, les carottes et les champignons coupés en morceaux.

Tremper quelques instants les lamproies dans de l'eau chaude, ôter la première peau. Vider et nettoyer les poissons, les couper en tronçons, conserver les parures.

Mettre le vin dans une casserole, porter à ébullition et faire flamber.

Ajouter dans la cocotte le vin, le sang, les parures de lamproies, le bouquet garni, du sel, un peu de poivre du moulin et l'ail (après avoir épluché et sommairement écrasé les gousses). Laisser cuire une bonne heure à feu modéré.

Pendant ce temps, laver les poireaux, les couper en ne conservant que les blancs. Les faire revenir dans une poêle avec un peu de beurre. Quand ils sont légèrement dorés, les retirer et les réserver.

Passer la sauce au chinois et la remettre dans la cocotte. Ajouter les tronçons de lamproie légèrement farinés, puis les poireaux.

Remettre à cuire 2 heures à feu très doux.

Au dernier moment, faire fondre le chocolat dans la sauce. Servir bien chaud.

Page de droite :
C'est en 1998 que le Château Hostens-Picant a créé un vin rouge d'exception, la cuvée Lucullus.

CHATEAU
HOSTENS PICANT
LVCVLLVS
CUVÉE D'EXCEPTION
SAINTE-FOY BORDEAUX
APPELLATION SAINTE-FOY BORDEAUX CONTROLEE
MIS EN BOUTEILLE A LA PROPRIETE
N. & Y. PICANT PROPRIETAIRES
LES LEVES THOUMEYRAGUES
33220 GIRONDE · FRANCE
PRODUCE OF FRANCE
1998

1997
SAINTE-FOY BORDEAUX
CHATEAU
Mis en Bouteille au Château
750 ml
Rillettes

Expressif et aromatique, le sainte-foy bordeaux rouge convient bien aux entrées un peu rustiques.

Le mariage heureux
... avec un sainte-foy bordeaux rouge :
- **Paleron de bœuf aux carottes.**

hectares de vignoble sont consacrés aux cépages rouges, avec une nette dominante du merlot (70 %). Quelque cent vingt mille bouteilles sont produites chaque année sous cette étiquette, le reste étant commercialisé sous le nom de Château de Grangeneuve, le second vin du domaine. Déjà un peu marquée par une pointe d'évolution, la robe du Château Hostens-Picant 1997 possède des reflets rouge-orangé d'une brillance et d'une limpidité très plaisantes. Au nez, on distingue un parfum de cassis et une pointe de violette légèrement végétale. Le vin est net, aromatique, avec une bonne acidité finale. Les tannins sont encore très présents, l'astringence reste marquée, mais le corps est expressif et j'y décèle un potentiel de garde d'une bonne dizaine d'années.

Ce sainte-foy bordeaux rouge me paraît être fait plutôt pour des viandes solides que pour des poissons délicats. Des entrées un peu rustiques – terrines, charcuteries, jambon cru de pays – devraient le mettre en valeur. Il accompagnera aussi très bien du boudin noir grillé aux pommes sautées et aux dés de pommes fruits. Les grillades d'été – chipolatas ou côtes d'agneau – formeront avec lui des alliances simples et sans souci. Le vin aimera aussi les fromages très crémeux comme le chaource, le brillat-savarin ou le pierre-robert.

SAUTERNES

Liquoreux

Château Lafaurie-Peyraguey
Château d'Arche
Château Bastor-Lamontagne
Château de Fargues
Château Filhot
Château Haut-Bergeron
Château Guiraud
Château Les Justices
Château Raymond-Lafon
Château Rieussec
Château Sigalas-Rabaud
Château Suduiraut

CRU EXCEPTIONNEL
Château d'Yquem

1997

1990

1989

1976

1975

AOC depuis septembre 1936
Superficie : 1 639 ha
Sols : graveleux, calcaires et argilo-calcaires selon les coteaux
Encépagement : sémillon, sauvignon, muscadelle
Rendement maximum autorisé : 25 hl/ha
Température de dégustation : 10 °C

Mythique entre tous, le nom de sauternes fait tressaillir d'émotion tous les amoureux de liquoreux de la planète. En termes de terroir et de situation géographique, le sauternes n'est rien d'autre pourtant qu'un vin de graves moelleux... Mais sa notoriété, sa perfection et l'aura dont s'entoure son cru le plus célèbre, le Château d'Yquem, en ont fait sans doute l'appellation la plus célèbre du Bordelais – et l'une des plus recherchée au monde. Raffiné, riche, dense, le sauternes demeure un vin de fête, réservé aux grandes occasions au cours desquelles on sert, à table, des mets exceptionnels qui appellent sa présence.

Page de gauche :
Le vignoble sauternais s'étage sur des coteaux en pente douce, dans un paysage vallonné au confluent de la Garonne et du Ciron.

Page de droite : *Dissimulé derrière la verdure, le château Lafaurie-Peyraguey attendait la fin du XVIIIe siècle pour devenir l'un des meilleurs domaines du Sauternais. Le vin, classé en premier cru dès 1855, n'a jamais fait mentir sa réputation.*

Dans les vallons du Sauternais, il suffit d'un détour de chemin pour que tout change : l'exposition, bien sûr, mais aussi le sous-sol qui selon les pentes se révèle calcaire, graveleux ou argilo-calcaire. C'est dire si la situation des différents châteaux constitue l'un des éléments essentiels de la réussite et de la personnalité du vin. À cela s'ajoutent, bien entendu, les caprices de la météorologie. On sait que les sauternes sont des liquoreux élaborés à partir de raisins surmûris envahis de « pourriture noble ». Mais pour que cette « pourriture », due à la présence d'un microchampignon, le *botrytis cinerea*, puisse coloniser les grains, que de conditions à réunir ! Dans la région, en effet, se produit, certaines années seulement, un phénomène climatique dont les origines ont été parfaitement identifiées. Aux alentours du confluent entre la Garonne et l'un de ses modestes affluents, le Ciron, la présence d'eaux froides en automne provoque, au cours de la seconde quinzaine de septembre, l'apparition de brouillards matinaux, par définition humides, que dissipe le soleil de l'après-midi. Que la température soit trop élevée ou trop faible, que l'humidité reste insuffisante, et le champignon miracle refuse d'apparaître. S'il se montre, au contraire, on le laisse envahir progressivement les grains de raisin, un à un. Attaqués par le *botrytis*, qui se nourrit de l'eau contenue dans le fruit, les grains se dessèchent peu à peu, jusqu'à ressembler à des raisins secs. À partir du mois d'octobre, on commence à vendanger, un à un, les grains convenablement botrytisés, qui seuls sont ramassés. Les autres attendent leur tour patiemment, parfois jusqu'à la fin du mois de novembre.

On comprend à quelles difficultés se heurte le vigneron de Sauternes : jamais certain d'obtenir une récolte, il doit en outre échelonner son travail de vendanges sur plusieurs semaines. Les coûts de revient d'une telle méthode sont exorbitants, et nombreux sont les viticulteurs qui, dans les années soixante-dix – alors que les sauternes connaissaient des revers liés à une mode contraire –, ont préféré abandonner purement et simplement une culture par trop ingrate.

Sauternes, une des appellations les plus célèbres et les plus recherchées au monde

Pourtant, le sauternes a ses lettres de noblesse, et depuis fort longtemps. Les grands domaines du Sauternais ont fait l'objet d'un classement dès 1855, en même temps qu'était établie une hiérarchie dans les crus du Médoc. De ce classement, resté valable jusqu'à nos jours, il s'avère qu'un seul château a été considéré comme hors normes : jugé exceptionnel, le Château d'Yquem continue à élaborer des vins extraordinaires sur un terroir unique. Aujourd'hui, si l'on excepte la situation particulière de Château d'Yquem, on distingue trois niveaux dans les vins de Sauternes (premiers et seconds crus,

Page de droite : *Avec l'âge, le sauternes prend une belle couleur dorée et ses parfums de fruits se mêlent à des arômes confits de miel, de truffes blanches et d'épices discrètes.*

et châteaux non classés). Cette hiérarchie aide l'amateur à faire son choix, en fonction de l'occasion et du budget dont il dispose.

Un grand sauternes s'attend une vingtaine d'années

Comment définir un sauternes idéal ? D'emblée, il faut soulever le problème de l'âge : le sauternes ne se boit pas jeune. Huit à dix années d'attente paraissent même un minimum. À dix ans, la robe claire d'un sauternes s'est éclairée de nuances franchement dorées, ses parfums rappellent les fruits exotiques frais, la pêche, le coing, l'abricot, avec parfois des notes de mirabelle ou d'infusion de verveine et de tilleul ; le *botrytis*, encore présent au nez, se manifeste au palais par des arômes de champignons frais ; en bouche, les saveurs s'orientent vers des notes confites, miellées, renforcées dans certains millésimes par des touches d'épices douces comme la cannelle. Lorsqu'un grand sauternes prend vraiment de l'âge, vers quinze ou vingt ans, son bouquet se raffine et dévoile toute sa complexité : des touches de caramel au lait se mêlent à celles des agrumes ; en bouche, la texture devient veloutée, le vin paraît suave plutôt que sucré, avec des notes acidulées qui assurent l'équilibre. La richesse en alcool donne au sauternes son ampleur et son côté chaleureux, les tannins sont complètement fondus et la persistance aromatique est remarquable.

Les suggestions de Château Lafaurie-Peyraguey :

- Foie gras.
- Poulet rôti à l'ail en chemise.
- Turbot sauce au beurre blanc.

Propriété des domaines Cordier depuis le début du siècle, le Château Lafaurie-Peyraguey est l'un des premiers crus classés de sauternes et occupe une situation de rêve. Entouré de murs qui dissimulent le vignoble et le château, dont les tours d'enceinte remontent au XIIIe siècle, le domaine totalise une superficie de quarante et un hectares. Les sols – silico-graveleux et argilo-graveleux – sont classiquement plantés de sémillon (90 %), sauvignon (8 %) et muscadelle (2 %). Les vignes quadragénaires sont évidemment vendangées manuellement par tries successives et le vin est élevé pendant une vingtaine de mois en barriques. Le millésime 1992, goûté à l'âge de huit ans, présente une belle couleur vieil or bruni, avec des nuances orangées. Ses arômes s'écartent un peu des classiques agrumes, au profit de parfums très confits, d'abricot, de coing, de fruits exotiques et d'épices. Au palais, s'exprime la puissance, et la persistance est exceptionnelle, révélatrice du potentiel de garde de ce vin magistral, archétype d'un grand sauternes.

DE SAUTERNES
CHATEAU
SAUTERNES
Mis en bouteilles au Château
A BOMMES, SAUTERNES FRANCE
1992
14,5%vol.
DOMAINES CORDIER S.A. PROPRIÉTAIRE
PRODUCE OF FRANCE
CM.18.537

Trouver l'accord parfait entre sauternes et mets est un exploit

Réaliser une harmonie parfaite entre un mets et un sauternes n'est pas chose facile. On a beaucoup accusé les sauternes, comme d'ailleurs les barsac, d'être des vins lourds, embarrassants à assortir, voire simplement difficiles à digérer. Il faut donc apprendre à manier le sauternes avec précaution... et parcimonie. Les crus non classés, plus légers, s'apprécient dans de multiples situations : à l'apéritif par exemple, avec de petits toasts au fromage de chèvre ou au roquefort, ou tartinés de mousse de foie gras. Ils conviennent aussi aux crustacés préparés avec une sauce acidulée ou au classique foie gras. Les seconds crus classés sont parfaits avec tous les fromages à pâte persillée et surtout avec les desserts aux fruits : diplomate aux fruits confits, ou encore salade de fruits exotiques – mangue, papaye, litchi – servie avec une glace à base de châtaignes et un biscuit, comme le financier. Les premiers crus classés appellent quant à eux des plats plus rares et raffinés : une volaille fermière rôtie au citron confit ; une rosace de ris de veau meunière relevée d'un soupçon de sauce charcutière ; un rôti de veau en sauce crémée au sauternes et à la truffe, un champignon exceptionnel qui s'harmonise merveilleusement avec le vieux sauternes.

Recette de Laurent Sturbois

Tarte fine aux poires et au roquefort

Bistrot du Sommelier, Paris

Préparation : 15 mn
Cuisson : 45 mn

Pour 6 personnes
1 pâte feuilletée
1,5 kg de poires
200 g de roquefort
sucre
beurre
légumes secs

Éplucher les poires, les couper en deux dans le sens de la hauteur.

Faire un sirop de sucre, y pocher les demi-poires pendant 15 minutes. Bien les égoutter.

Foncer un plat à tarte beurré avec la pâte feuilletée abaissée très fine.

Recouvrir d'un papier sulfurisé, garnir de légumes secs et faire cuire à blanc pendant 10 minutes à four moyen (th. 5, 180 °C). Retirer du four, enlever la feuille de papier avec les légumes secs.

Découper les demi-poires en éventail (en lamelles).

Disposer sur la pâte. Repasser à four chaud (220 °C, th. 7) pendant 20 minutes.

Laisser tiédir.

Pendant ce temps, tailler le roquefort en tranches de 4 mm, environ. Disposer sur la tarte. Servir.

Le mariage heureux

... avec un sauternes :

• Tarte fine aux poires et au roquefort.

Le livre de cave du Bordeaux

Les pages qui suivent serviront à organiser achats, rangements et consommation de vos vins. Ce « carnet de bord », mémoire de votre cave, est la garantie que vous n'oublierez pas une bonne bouteille au fond d'un casier et que vous profiterez de chaque vin au meilleur moment. Pour vous y aider, j'ai établi un tableau du temps de garde, exprimé en années, des vins de chaque appellation. Ce temps est une moyenne qui varie selon le millésime et le château.

La marche à suivre pour utiliser ces pages est simple même si elle demande un peu de rigueur. Lorsque vous achetez du vin, prenez le temps de remplir une fiche signalétique (voir page 240). Puis enregistrez-le dans l'index (voir page 265), à sa couleur. De cette manière, lorsque vous chercherez un vin, vous vous reporterez à l'index qui vous donnera immédiatement le numéro de la page où se trouve sa fiche. Cette double écriture qui peut paraître fastidieuse se révélera efficace à l'usage.

Un conseil : remplissez une fiche même pour un vin acheté « en primeur », que le producteur ne vous livrera que deux ou trois ans plus tard. Au moment de la livraison, il ne vous restera qu'à noter l'emplacement que vous lui attribuez dans la cave.

Type de vin	Blanc	Rosé	Clairet	Rouge	Moelleux et liquoreux
Appellation					
Barsac					8 à 10+
Blaye	3 à 4				
Bordeaux	1 à 2	2 à 3	2 à 4	2 à 5	
Bordeaux côtes de francs	2 à 3			3 à 5	
Bordeaux haut-benauge					3 à 4
Bordeaux supérieur				3 à 6	4 à 6
Cadillac					5 à 6
Canon-fronsac				5 à 8	
Cérons					6 à 8
Côtes de blaye	4 à 5				
Côtes de bordeaux saint-macaire					4 à 5
Côtes de bourg	2 à 4			3 à 5	
Côtes de castillon				3 à 5	
Crémant de bordeaux	1 à 2	2 à 3			
Entre-deux-mers	1 à 2				
Entre deux-mers haut-benauge	2 à 3				
Fronsac				5 à 7	
Graves	3 à 5			3 à 6	
Graves de vayres	2 à 4			2 à 5	
Graves supérieures					5 à 8
Haut-médoc				5 à 10	
Lalande de pomerol				3 à 5	
Listrac				5 à 6	
Loupiac					5 à 7
Lussac saint-émilion				5 à 6	

Type de vin	Blanc	Rosé	Clairet	Rouge	Moelleux et liquoreux
Appellation					
Margaux				5 à 10+	
Médoc				5 à 8	
Montagne saint-émilion				5 à 6	
Moulis				5 à 7	
Pauillac				5 à 10+	
Pessac-léognan	5 à 8+			5 à 10+	
Pomerol				5 à 10+	
Premières côtes de blaye	2 à 3			3 à 5	
Premières côtes de bordeaux				4 à 5	5 à 6
Puisseguin saint-émilion				5 à 6	
Saint-émilion				5 à 8	
Saint-émilion grand cru				5 à 10+	
Saint-estèphe				5 à 10+	
Saint-georges saint-émilion				5 à 6	
Saint-julien				5 à 10+	
Sainte-croix-du mont					5 à 8
Sainte-foy bordeaux	2 à 5			3 à 5	
Sauternes					6 à 10+

Nom du vin

Millésime Couleur

Appellation

Producteur ou fournisseur

Date d'achat Apogée

Quantité achetée Prix

Restante

Emplacement

Notes et commentaires

Nom du vin

Millésime Couleur

Appellation

Producteur ou fournisseur

Date d'achat Apogée

Quantité achetée Prix

Restante

Emplacement

Notes et commentaires

Nom du vin

Millésime Couleur

Appellation

Producteur ou fournisseur

Date d'achat Apogée

Quantité achetée Prix

Restante

Emplacement

Notes et commentaires

Nom du vin

Millésime Couleur

Appellation

Producteur ou fournisseur

Date d'achat Apogée

Quantité achetée Prix

Restante

Emplacement

Notes et commentaires

Nom du vin

Millésime Couleur

Appellation

Producteur ou fournisseur

Date d'achat Apogée

Quantité achetée Prix

Restante

Emplacement

Notes et commentaires

Nom du vin

Millésime Couleur

Appellation

Producteur ou fournisseur

Date d'achat Apogée

Quantité achetée Prix

Restante

Emplacement

Notes et commentaires

Nom du vin

Millésime Couleur

Appellation

Producteur ou fournisseur

Date d'achat Apogée

Quantité achetée Prix

Restante

Emplacement

Notes et commentaires

Nom du vin

Millésime Couleur

Appellation

Producteur ou fournisseur

Date d'achat Apogée

Quantité achetée Prix

Restante

Emplacement

Notes et commentaires

Nom du vin

Millésime Couleur

Appellation

Producteur ou fournisseur

Date d'achat Apogée

Quantité achetée Prix

Restante

Emplacement

Notes et commentaires

Nom du vin

Millésime Couleur

Appellation

Producteur ou fournisseur

Date d'achat Apogée

Quantité achetée Prix

Restante

Emplacement

Notes et commentaires

Nom du vin

Millésime Couleur

Appellation

Producteur ou fournisseur

Date d'achat Apogée

Quantité achetée Prix

Restante

Emplacement

Notes et commentaires

Nom du vin

Millésime Couleur

Appellation

Producteur ou fournisseur

Date d'achat Apogée

Quantité achetée Prix

Restante

Emplacement

Notes et commentaires

Nom du vin

Millésime Couleur

Appellation

Producteur ou fournisseur

Date d'achat Apogée

Quantité achetée Prix

Restante

Emplacement

Notes et commentaires

Nom du vin

Millésime Couleur

Appellation

Producteur ou fournisseur

Date d'achat Apogée

Quantité achetée Prix

Restante

Emplacement

Notes et commentaires

Nom du vin

Millésime Couleur

Appellation

Producteur ou fournisseur

Date d'achat Apogée

Quantité achetée Prix

Restante

Emplacement

Notes et commentaires

Nom du vin

Millésime Couleur

Appellation

Producteur ou fournisseur

Date d'achat Apogée

Quantité achetée Prix

Restante

Emplacement

Notes et commentaires

Nom du vin

Millésime Couleur

Appellation

Producteur ou fournisseur

Date d'achat Apogée

Quantité achetée Prix

Restante

Emplacement

Notes et commentaires

Nom du vin

Millésime Couleur

Appellation

Producteur ou fournisseur

Date d'achat Apogée

Quantité achetée Prix

Restante

Emplacement

Notes et commentaires

Nom du vin

Millésime Couleur

Appellation

Producteur ou fournisseur

Date d'achat Apogée

Quantité achetée Prix

Restante

Emplacement

Notes et commentaires

Nom du vin

Millésime Couleur

Appellation

Producteur ou fournisseur

Date d'achat Apogée

Quantité achetée Prix

Restante

Emplacement

Notes et commentaires

Nom du vin

Millésime Couleur

Appellation

Producteur ou fournisseur

Date d'achat Apogée

Quantité achetée Prix

Restante

Emplacement

Notes et commentaires

Nom du vin

Millésime Couleur

Appellation

Producteur ou fournisseur

Date d'achat Apogée

Quantité achetée Prix

Restante

Emplacement

Notes et commentaires

Nom du vin

Millésime Couleur

Appellation

Producteur ou fournisseur

Date d'achat Apogée

Quantité achetée Prix

Restante

Emplacement

Notes et commentaires

Nom du vin

Millésime Couleur

Appellation

Producteur ou fournisseur

Date d'achat Apogée

Quantité achetée Prix

Restante

Emplacement

Notes et commentaires

Nom du vin

Millésime Couleur

Appellation

Producteur ou fournisseur

Date d'achat Apogée

Quantité achetée Prix

Restante

Emplacement

Notes et commentaires

Nom du vin

Millésime Couleur

Appellation

Producteur ou fournisseur

Date d'achat Apogée

Quantité achetée Prix

Restante

Emplacement

Notes et commentaires

Nom du vin

Millésime Couleur

Appellation

Producteur ou fournisseur

Date d'achat Apogée

Quantité achetée Prix

Restante

Emplacement

Notes et commentaires

Nom du vin

Millésime Couleur

Appellation

Producteur ou fournisseur

Date d'achat Apogée

Quantité achetée Prix

Restante

Emplacement

Notes et commentaires

Nom du vin

Millésime Couleur

Appellation

Producteur ou fournisseur

Date d'achat Apogée

Quantité achetée Prix

Restante

Emplacement

Notes et commentaires

Nom du vin

Millésime Couleur

Appellation

Producteur ou fournisseur

Date d'achat Apogée

Quantité achetée Prix

Restante

Emplacement

Notes et commentaires

Nom du vin

Millésime | Couleur

Appellation

Producteur ou fournisseur

Date d'achat | Apogée

Quantité achetée | Prix

Restante

Emplacement

Notes et commentaires

Nom du vin

Millésime | Couleur

Appellation

Producteur ou fournisseur

Date d'achat | Apogée

Quantité achetée | Prix

Restante

Emplacement

Notes et commentaires

Nom du vin

Millésime Couleur

Appellation

Producteur ou fournisseur

Date d'achat Apogée

Quantité achetée Prix

Restante

Emplacement

Notes et commentaires

Nom du vin

Millésime Couleur

Appellation

Producteur ou fournisseur

Date d'achat Apogée

Quantité achetée Prix

Restante

Emplacement

Notes et commentaires

Nom du vin

Millésime Couleur

Appellation

Producteur ou fournisseur

Date d'achat Apogée

Quantité achetée Prix

Restante

Emplacement

Notes et commentaires

Nom du vin

Millésime Couleur

Appellation

Producteur ou fournisseur

Date d'achat Apogée

Quantité achetée Prix

Restante

Emplacement

Notes et commentaires

Nom du vin

Millésime Couleur

Appellation

Producteur ou fournisseur

Date d'achat Apogée

Quantité achetée Prix

Restante

Emplacement

Notes et commentaires

Nom du vin

Millésime Couleur

Appellation

Producteur ou fournisseur

Date d'achat Apogée

Quantité achetée Prix

Restante

Emplacement

Notes et commentaires

Nom du vin

Millésime Couleur

Appellation

Producteur ou fournisseur

Date d'achat Apogée

Quantité achetée Prix

Restante

Emplacement

Notes et commentaires

Nom du vin

Millésime Couleur

Appellation

Producteur ou fournisseur

Date d'achat Apogée

Quantité achetée Prix

Restante

Emplacement

Notes et commentaires

Nom du vin

Millésime Couleur

Appellation

Producteur ou fournisseur

Date d'achat Apogée

Quantité achetée Prix

Restante

Emplacement

Notes et commentaires

Nom du vin

Millésime Couleur

Appellation

Producteur ou fournisseur

Date d'achat Apogée

Quantité achetée Prix

Restante

Emplacement

Notes et commentaires

Nom du vin

Millésime Couleur

Appellation

Producteur ou fournisseur

Date d'achat Apogée

Quantité achetée Prix

Restante

Emplacement

Notes et commentaires

Nom du vin

Millésime Couleur

Appellation

Producteur ou fournisseur

Date d'achat Apogée

Quantité achetée Prix

Restante

Emplacement

Notes et commentaires

Nom du vin

Millésime Couleur

Appellation

Producteur ou fournisseur

Date d'achat Apogée

Quantité achetée Prix

Restante

Emplacement

Notes et commentaires

Nom du vin

Millésime Couleur

Appellation

Producteur ou fournisseur

Date d'achat Apogée

Quantité achetée Prix

Restante

Emplacement

Notes et commentaires

Nom du vin

Millésime Couleur

Appellation

Producteur ou fournisseur

Date d'achat Apogée

Quantité achetée Prix

Restante

Emplacement

Notes et commentaires

Nom du vin

Millésime Couleur

Appellation

Producteur ou fournisseur

Date d'achat Apogée

Quantité achetée Prix

Restante

Emplacement

Notes et commentaires

Nom du vin

Millésime Couleur

Appellation

Producteur ou fournisseur

Date d'achat Apogée

Quantité achetée Prix

Restante

Emplacement

Notes et commentaires

Nom du vin

Millésime Couleur

Appellation

Producteur ou fournisseur

Date d'achat Apogée

Quantité achetée Prix

Restante

Emplacement

Notes et commentaires

Index du livre de cave

ROUGE			
Nom et appellation	Millésime	Page	Épuisé

ROUGE

Nom et appellation	Millésime	Page	Épuisé

ROUGE

Nom et appellation	Millésime	Page	Épuisé

BLANC SEC

Nom et appellation	Millésime	Page	Épuisé

ROSÉ, CLAIRET ET CRÉMANT

Nom et appellation	Millésime	Page	Épuisé

MOELLEUX ET LIQUOREUX

Nom et appellation	Millésime	Page	Épuisé

Carnet d'adresses

Château d'Agassac
SCI du château d'Agassac
15, rue du château d'Agassac
33290 Ludon-Médoc
Tél 05 57 88 89 58
Fax 05 57 88 89 59

Château d'Aiguilhe
SCEA du château d'Aiguilhe
Château d'Aiguilhe
33350 Saint-Philippe-d'Aiguilhe
Tél 05 57 40 60 10
Fax 05 57 40 63 56

Château d'Arche
33, rue du Général-de-Gaulle
33290 Ludon-Médoc
Tél 05 57 88 13 30

Château d'Arricaud
EARL Bouyx
Château d'Arricaud
33720 Landiras
Tél 05 56 62 51 29
Fax 05 56 62 41 47

Château Ausone
33330 Saint-Émilion
Tél 05 57 24 68 88
Fax 05 57 74 47 39

Château de Barbe
33710 Villeneuve
Tél 05 57 42 64 00
Fax 05 57 64 94 10

Château de Barbe-Blanche
SCE Château Barbe-Blanche
33570 Lussac
Tél 05 57 51 13 36
Fax 05 57 25 09 55

Château Barberousse
GAEC Jean Puyol & Fils
Château Barberousse
33330 Saint-Émilion
Tél 05 57 24 74 24
Fax 05 57 24 62 77

Château Barrabaque
SCEA Noël Père et Fils
Château Barrabaque
33126 Fronsac
Tél 05 57 55 09 09
Fax 05 57 55 09 00

Château Bastor-Lamontagne
SCEA Vignobles Bastor et Saint-Robert
Château Bastor-Lamontagne
33210 Preignac
Tél 05 56 63 27 66
Fax 05 56 76 87 03

Château Beauregard
33500 Pomerol
Tél 05 57 51 13 36
Fax 05 57 25 09 55

Château Bel-Air
SCEA Adoue Bel-Air
Bel-Air
33570 Puisseguin
Tél 05 57 74 51 82
Fax 05 57 74 59 94

Château de Belcier
SCA Château Belcier
33350 Salles-de-Castillon
Tél 05 57 40 67 58

Château de Bellefont Belcier
33330 Saint-Laurent-des-Combes
Tél 05 57 24 72 16
Fax 05 57 74 45 06

Château Belle-Garde
Éric Duffau
Monplaisir, 33420 Génissac
Tél 05 57 24 49 12
Fax 05 57 24 41 28

Château de Bertin
EARL Bertin
33760 Cantois
Tél 05 56 23 61 02
Fax 05 56 23 94 77

Château Bertineau Saint-Vincent
SCEA Fermières des domaines Rolland
33500 Pomerol
Tél 05 57 51 23 05
Fax 05 57 51 66 08

Château Bertinerie
33620 Cubnezais
Tél 05 57 68 70 74
Fax 05 57 68 01 03
e-mail
contact@chateaubertinerie.com

Château Beychevelle
33250 Saint-Julien-Beychevelle
Tél 05 56 73 20 70
Fax 05 56 73 20 71

Château Bois-Malot
SCA Meynard
Château Valentons-Canteloup
3345 Saint-Loubès
Tél 05 56 38 94 18
Fax 05 56 38 92 47

Château Bonnet
33420 Grézillac
Tél 05 57 25 58 58
Fax 05 57 74 98 59
e.mail
andre.lurton@wanadoo.fr

Château Branaire
Saint-Julien-Beychevelle
33250 Pauillac
Tél 05 56 59 25 86
Fax 05 56 59 16 26

Château Brane-Cantenac
SCEA du Château Brane-Cantenac
33460 Cantenac
Tél 05 57 88 83 33
Fax 05 57 88 72 51

Château Branda
Roques
33570 Puisseguin
Tél 05 57 74 62 55
Fax 05 57 74 57 33

Château Brethous
33360 Camblanes
Tél 05 56 20 77 76
Fax 05 56 20 08 45

Château Brillette
33480 Moulis-en-Médoc
Tél O5 56 58 22 09
Fax 05 56 58 12 26

Château Broustet
33720 Barsac
Tél 05 56 27 16 87
Fax 05 56 27 05 93

Château Brulesécaille
Tauriac
33710 Bourg-sur-Gironde
Tél 05 57 68 40 31
Fax 05 57 68 21 27

Château Caillou
33720 Barsac
Tél 05 56 27 16 38
Fax 05 56 27 09 60

Château Calon-Ségur
33180 Saint-Estèphe
Tél 05 56 59 30 27

Château Camail
Château de Pic
Tabanac
33550 Le Tourne
Tél 05 56 67 07 51
Fax 05 56 67 21 22

Château Camensac
Société fermière du château Camensac
Route de Saint-Julien, BP 9
33112 Saint-Laurent-du-Médoc
Tél 05 56 59 41 69
Fax 05 56 59 41 73

Château Canon
Ets Jean-Pierre Moueix
54, quai du Priourat
33500 Libourne
Tél 05 57 51 78 96
Fax 05 57 51 79 79

Château Canon-La Gaffelière
33330 Saint-Émilion
Tél 05 57 24 71 33
Fax 05 57 24 67 95

Château Canon-Moueix
Ets Jean-Pierre Moueix
54, quai du Priourat
33500 Libourne
Tél 05 57 51 78 96
Fax 05 57 51 79 79

Château Cantemerle
1, chemin Greittot
33460 Macau
Tél 05 57 97 02 82
Fax 05 57 97 02 84

Château Cantenac-Brown
Jean-Michel Cazes
Château Cantenac-Brown
33460 Margaux
Tél 05 57 88 81 81
Fax 05 57 88 81 90

Château Cap de Faugères
Saint-Étienne-de-Lisse
33330 Saint-Émilion
Tél 05 57 40 34 99
Fax 05 57 40 36 14

Château Cap de Mourlin
SCEA Capdemourlin
Château Roudier
33570 Montagne
Tél 05 57 74 62 06
Fax 05 57 74 59 34

Château Cap d'Or
SCEA Vignobles Rochus-Cap-de-Rives
Château Rocher Bellevue
33350 Saint-Magne-de-Castillon
Tél 05 57 40 08 88
fax 05 57 40 19 93

Château Carsin
33410 Rions
Tél 05 56 76 93 06
Fax 05 56 62 64 80

Château Cassagne Haut-Canon
Les Vignobles Charles Dubois & Fils
222, avenue Foch
33500 Libourne
Tél 05 57 51 63 98
Fax 05 57 51 62 20

Château de Cérons
33720 Cérons
Tél 05 56 27 01 13
Fax 05 56 27 22 17

Château Certan-Giraud
SC des Domaines Giraud
1, Grand-Corbin
33330 Saint-Émilion
Tél 05 57 74 48 94
Fax 05 57 74 47 18

Château de Chambrun
Jean-Philippe Janoueix
47, rue de Catusseau
33500 Pomerol
Tél 05 57 51 06 60
Fax 05 57 51 76 83

Château de Chantegrive
Françoise Lévêque
Château de Chantegrive
33720 Podensac
Tél 05 56 27 17 38
Fax 05 56 27 29 42

Château Charron
Vignobles Germain & Associés
33390 Berson
Tél 05 57 42 66 66
Fax 05 57 64 36 20
e.mail bordeaux@vgas.com

Château Chasse-Spleen
33480 Moulis-en-Médoc
Tél 05 56 58 02 37
Fax 05 57 88 84 40

Château Cheval Blanc
33330 Saint-Émilion
Tél 05 57 55 55 55
Fax 05 57 55 55 50

Domaine de Chevalier
102, chemin Mignoy
33850 Léognan
Tél 05 56 64 16 16
Fax 05 56 64 18 18

Château Clarke
33480 Listrac-Médoc
Tél 05 56 58 38 00
Fax 05 56 58 26 46

Château Climens
33720 Barsac
Tél 05 56 27 15 33
Fax 05 56 27 21 04

Château Clinet
33500 Pomerol
Tél 05 57 51 27 87

Clos des Jacobins
Domaines Cordier
53, rue du Dehez
33290 Blanquefort
Tél 05 56 95 53 00
Fax 05 56 95 53 01

Clos du Clocher
GFA Clos du Clocher
41, rue des Quatre-Frères-Robert
33500 Libourne
Tél 05 57 51 62 17
Fax 05 57 51 28 28

Clos de l'Oratoire
Château Canon-La Gaffelière
33330 Saint-Émilion
Tél 05 57 24 71 33
Fax 05 57 24 67 95

Clos Floridène
EAR D. & F. Dubourdieu
Beguey 33410 Cadillac
Tél 05 56 62 96 51
Fax 05 56 62 14 89

Château Cos d'Estournel
33180 Saint-Estèphe
Tél 05 56 73 15 50
Fax 05 56 59 72 59

Château Côte Puyblanquet
Christian Bertoni
Puyblanquet
33330 Saint-Étienne-de-Lisse
Tél 05 57 40 18 35
Fax 05 57 40 19 04

Château Couhins-Lurton
33420 Grézillac
Tél 05 57 25 58 58
Fax 05 57 74 98 59
e.mail
andre.lurton@wanadoo.fr

Château du Courlat
Pierre Bourotte SA
16, rue Faidherbe
33500 Libourne
Tél 05 57 51 62 17
Fax 05 57 51 28 28

Château Coutet
33720 Barsac
Tél 05 56 27 15 46
Fax 05 56 27 02 20

Château Crabitan-Bellevue
GFA Bernard Solane et Fils
Château Crabitan-Bellevue
33410 Sainte-Croix-du-Mont
Tél 05 56 62 01 53
Fax 05 56 76 72 09

Château Croix de Rambeau
Jean-Louis Trocard
33570 Les Artigues-de-Lussac
Tél 05 57 24 31 16
Fax 05 57 24 33 87

Château Dalem
Michel Rullier
Château Dalem
33141 Saillans
Tél 05 57 84 34 18
Fax 05 57 74 39 85

Château de Damis
SCEA Vignobles Michel Bergey
33490 Sainte-Foy-la-Longue
Tél 05 56 76 41 42
Fax 05 56 76 46 42

Château Daugay
SCA du château Perrin d'Hoge
33910 Bonzac
Tél 05 57 84 22 08

Château Destieux
Dauriac
Château Destieux
33330 Saint-Émilion
Tél 05 57 40 25 05
Fax 05 57 40 37 42

Château Doisy-Daëne
33720 Barsac
Tél 05 56 27 15 84
Fax 05 56 27 18 99

Château Doisy-Védrines
33720 Barsac
Tél 05 56 27 15 13
Fax 05 56 27 26 76

Château Ducluzeau
J.E. Borie SA
33250 Saint-Julien-Beychevelle
Tél 05 56 59 05 20
Fax 05 56 59 27 37

Château Ducru-Beaucaillou
33250 Saint-Julien-Beychevelle
Tél 05 56 73 16 73

Château Dudon
33720 Barsac
Tél 05 56 27 29 38

Château Durfort-Vivens
Gonzague Lurton
Château Durfort-Vivens
33460 Margaux
Tél 05 57 88 70 20
Fax 05 57 88 72 51

Château Faizeau
SCE du Château Faizeau
33570 Montagne
Tél 05 57 24 68 94
Fax 05 57 24 60 37

Château de Fargues
33210 Fargues
Tél 05 57 98 04 20
Fax 05 57 98 04 21

Château Faugères
Saint-Étienne-de-Lisse
33330 Saint-Émilion
Tél 05 57 40 34 99
Fax 05 57 40 36 14

Château Fayard
Le Pian-sur-Garonne
33490 Saint-Macaire
Tél 05 56 63 33 81
Fax 05 56 63 60 20

Château Fayau
SCEA Jean Médeville et Fils
33410 Cadillac
Tél 05 57 98 08 08
Fax 05 56 62 18 22

Château Feytit-Clinet
Ets Jean-Pierre Moueix
54, quai du Priourat
33500 Libourne

Château de Fieuzal
SA Château Fieuzal
124, avenue Mont-de-Marsan
33850 Léognan
Tél 05 56 64 77 86
Fax 05 56 64 18 88

Château Figeac
Thierry Manoncourt
Château Figeac
33330 Saint-Émilion
Tél 05 57 24 72 26
Fax 05 57 74 45 74

Château Filhot
33210 Sauternes
Tél 05 56 76 61 09
Fax 05 56 76 67 91

Château Fombrauge
33330 Saint-Christophe-des-Bardes
Tél 05 57 24 77 12
Fax 05 57 24 66 95

Château Fontenil
Michel et Dany Rolland
15, cours des Girondins
33500 Libourne
Tél 05 57 51 10 94
Fax 05 57 25 05 54

Château Franc-Mayne
33330 Saint-Émilion
Tél 05 57 24 62 61
Fax 05 57 24 68 25

Château Fougas
33710 Lansac
Tél 05 57 68 42 15
Fax 05 57 68 28 59

Château Fourcas Dupré
SC du château Dupré
33480 Listrac-Médoc
Tél 05 56 58 01 07
Fax 05 56 58 02 27

Château Fourcas Hosten
33480 Listrac-Médoc
Tél 05 56 58 01 15
Fax 05 56 58 06 73

Château de France
98, avenue Mont-de-Marsan
33850 Léognan
Tél 05 56 64 75 39
Fax 05 56 64 72 13

Château de Gaillat
33210 Langon
Tél 05 56 63 50 77
Fax 05 56 62 20 96

Château Gazin
33500 Pomerol
Tél 05 57 51 07 05
Fax 05 57 51 69 96

Château Godard-Bellevue
Château Puyanché
Godard
33570 Francs
Tél/fax 05 57 40 65 77

Château Grand Ormeau
33500 Lalande-de-Pomerol
Tél 05 57 25 30 20
Fax 05 57 25 22 80

Château Gruaud-Larose
33250 Saint-Julien-Beychevelle
Tél 05 56 73 15 20
Fax 05 56 59 64 72

Château Guiraud
SCA du château Guiraud
Sauternes
33210 Langon
Tél 05 56 76 61 01
Fax 05 56 76 67 52

Château Haut-Bailly
Jean Sanders
Château Haut-Bailly
33850 Léognan
Tél 05 56 64 75 11
Fax 05 56 64 53 60

Château Haut-Batailley
Mme F. des Brest-Borie
33250 Pauillac
Tél 05 56 59 05 20
Fax 05 56 59 27 37

Château Haut-Bergeron
Hervé et Patrick Lamothe
SCE du château Haut-Bergeron
33210 Preignac
Tél 05 56 63 24 76
Fax 05 56 63 23 31

Château Haut-Bergey
69, cours Gambetta
33850 Léognan
Tél 05 56 64 05 22
Fax 05 56 64 06 98

Château Haut-Bertinerie
Château Bertinerie
33620 Cubnezais
Tél 05 57 68 70 74
Fax 05 57 68 01 03
e-mail contact@
chateaubertinerie.com

Château Haut-Brion
SA Domaine Clarence Dillon
BP 24, 33602 Pessac Cedex
Tél 05 56 00 29 30
Fax 05 56 98 75 14

Château Haut Carles
SCEV du château de Carles
Route de Galgon
33141 Saillans
Tél 05 57 84 32 03
Fax 05 57 84 31 91

Château Haut-Chaigneau
André Chatonnet
Chaigneau, 33500 Néac
Tél 05 57 51 31 31
Fax 05 57 25 08 93

Château Haut-Corbin
SC du château Haut-Corbin
33330 Saint-Émilion
Tél 05 57 51 95 54
Fax 05 57 51 90 93

Château Haut-Gayat
Château de la Souleire
33750 Saint-Germain-du-Puch
Tél 05 57 24 52 32
Fax 05 57 24 03 72

Château Haut-Marbuzet
Henri Duboscq et Fils
Château Haut-Marbuzet
33180 Saint-Estèphe
Tél 05 56 59 30 54
Fax 05 56 59 70 87

Château Haut-Mongeat
Le Mongeat
33420 Génissac
Tél 05 57 24 47 55
Fax 05 57 24 41 21

Château Haut Saint Clair
A.Y. Le Menn
33570 Puisseguin
Tél 05 57 74 66 82
Fax 05 57 74 51 50

Château Haut-Sarpe
SE du château Haut-Sarpe
BP 192
33506 Libourne Cedex
Tél 05 57 51 41 86
Fax 05 57 51 76 83

Château Haut-Selve
32110 Sorbets
Tél 05 62 09 06 02
Fax 05 62 69 08 62

Château Hostens-Picant
Grangeneuve
33220 Les Lèves et
Thoumeyragues
Tél 05 57 46 54 54
Fax 05 51 46 26 23
e.mail chateau HP@aol.com

Château Huradin
SCEA Vignobles Y. Ricaud-
Lafosse
Château Huradin
33720 Cérons
Tél 05 56 27 09 97
Fax 05 56 27 09 97

Château du Juge
Pierre Dupleich
Le Juge, route de Branne
33410 Cadillac
Tél 05 56 62 17 77
Fax 05 56 62 17 59

Château La Bécasse
21, rue Édouard de Pontet
33250 Pauillac
Tél 05 56 59 07 14
Fax 05 56 59 18 44

Château Labégorce Zédé
Soussans
33460 Margaux
Tél 05 57 88 71 31
Fax 05 57 88 72 54

Château La Bridane
Bruno Saintout
Domaine Saint-Laurent-de-
Cartujac
33112 Saint-Laurent-du-Médoc
Tél 05 56 59 91 70
Fax 05 56 59 46 13

Château La Conseillante
33500 Pomerol
Tél 05 57 51 15 32
Fax 05 57 51 42 39

Château La Croix-Toulifaut
Jean-François Janoueix
37, rue Pline-Parmentier
BP 192, 33503 Libourne Cedex
Tél 05 57 51 41 86
Fax 05 57 51 76 83

Château de La Dauphine
Ets Jean-Pierre Moueix
54, quai du Priourat
33500 Libourne
Tél 05 57 51 78 96
Fax 05 57 51 79 79

Château Lafaurie-Peyraguey
160, cours du Médoc
33300 Bordeaux
Tél 05 57 19 57 77
Fax 05 57 19 57 87

Château Lafite-Rothschild
SC du château Lafite-Rothschild
33250 Pauillac
Tél 05 56 73 18 18
Fax 05 56 59 26 83

Château Lafleur
Sylvie et Jacques Guinaudeau
Grand Village
33240 Mouillac
Tél 05 57 84 44 03
Fax 05 57 84 83 31

Château La Fleur Cailleau
Paul Barre
Château La Grave
33126 Fronsac
Tél 05 57 51 31 11
Fax 05 57 25 08 61

Château La Ganne
Michel Dubois
224, avenue Foch
33500 Libourne
Tél 05 57 51 18 24
Fax 05 57 5162 20

Château Lagorce
Marcel Baudier
Château Lagorce
33550 Langoiran
Tél 05 56 67 01 52

Château Lagrange
33250 Saint-Julien-Beychevelle
Tél 05 56 59 23 63
Fax 05 56 59 26 09

Château La Grave
Paul Barre
Château La Grave
33126 Fronsac
Tél 05 57 51 31 11
Fax 05 57 25 08 61

Château La Gurgue
SA Château Ferrière
Rue de la Trémoille
33460 Margaux
Tél 05 56 58 02 37
Fax 05 56 58 05 70

Château La Lagune
81, avenue de l'Europe
33290 Ludon-Médoc
Tél 05 57 88 82 77
Fax 05 57 88 82 70

Château Lalande de Tayac
Viramon
33330 Saint-Étienne-de-Lisse
Tél 05 57 40 18 28
Fax 05 57 40 02 70

Château La Louvière
33420 Grézillac
Tél 05 57 25 58 58
Fax 05 57 74 98 59
e.mail
andre.lurton@wanadoo.fr

Château Lamarque
Gromand d'Evry
Château de Lamarque
33460 Lamarque
Tél 05 56 58 90 03
Fax 05 56 58 97 55

Château La Mission Haut-Brion
SA Domaine Clarence Dillon
BP 24, 33602 Pessac Cedex
Tél 05 56 00 29 30
Fax 05 56 58 97 55

Château La Mothe du Barry
Joël Duffau
Les Arromans n°2
33420 Moulon
Tél 05 57 74 93 98
Fax 05 57 84 66 10

Château La Mouline
JLC Coubris
90, rue Marcelin Jourdan
33200 Bordeaux
Tél 05 56 17 13 17
Fax 05 56 17 13 18

Château Landereau
Société civile des Vignobles
Baylet
Sadirac, BP 43
33670 Créon
Tél 05 56 30 64 28
Fax 05 56 30 63 90

Château L'Angélus
33330 Saint-Émilion
Tél 05 57 24 71 39
Fax 05 57 24 68 56

Château Lapeyronie
SCEA des Vignobles Lapeyronie
33350 Castillon-la-Bataille
Tél 05 57 40 19 27
Fax 05 57 40 14 38

Château La Rame
La Rame
33410 Sainte-Croix-du-Mont
Tél 05 56 62 01 50
Fax 05 56 62 01 94
e.mail
château.larame@wanadoo.fr

Château Larmande
SCE du château Larmande
33330 Saint-Émilion
Tél 05 57 24 71 41
Fax 05 57 74 42 80

Château La Rivalerie
SCEA La Rivalerie
33390 Saint-Paul-de-Blaye
Tél 05 57 42 18 84
Fax 05 57 42 14 27

Château de La Rivière
BP 50
33126 Fronsac
Tél 05 57 55 56 56
Fax 05 57 24 94 39

Château Laroque
SCEA Famille Beaumartin
Château Laroque
33330 Saint-Christophe-des-Bardes
Tél 05 57 24 77 28
Fax 05 57 24 63 65

Château Latour
SCV de Château Latour
Saint-Lambert
33250 Pauillac
Tél 05 56 73 19 80
Fax 05 56 73 19 81

Château La Tour du Roy
Caves de la Tour du Roy
33330 Saint-Émilion
Tél 05 57 24 72 38
Fax 05 57 74 43 72

Château Latour-Martillac
Domaine Kressmann
Château Latour-Martillac
33650 Martillac
Tél 05 56 72 71 21
Fax 05 56 72 64 03

Château Laville Haut-Brion
SA Domaine Clarence Dillon
BP 24, 33602 Pessac Cedex
Tél 05 56 00 29 30
Fax 05 56 98 75 14

Château La Vieille Cure
SNC Château La Vieille Cure
Coutreau
33141 Saillans
Tél 05 57 84 32 05
Fax 05 57 74 31 05

Château Le Bon Pasteur
SCEA Fermières des domaines Rolland
33500 Pomerol
Tél 05 57 51 23 05
Fax 05 57 51 66 08

Château Le Clos Badon
33330 Saint-Émilion
Tél 05 57 24 71 03
Fax 05 57 24 71 03

Château Le Crock
74, rue Renier
33100 Bordeaux
Tél 05 57 77 11 50
Fax 05 56 86 57 18

Château L'Église-Clinet
Denis Durantou
L'Église-Clinet
33500 Pomerol
Tél 05 57 25 99 00
Fax 05 57 25 21 96

Château Le Gay
Ets Jean-Pierre Moueix
54, quai du Priourat
33500 Libourne

Château Le Grand Verdus
Ph. et A. Legrix de La Salle
Château Le Grand Verdus
33670 Sadirac
Tél 05 56 30 64 22
Fax 05 56 23 71 37

Château L'Enclos
33500 Pomerol
Tél 05 57 51 04 62
Fax 05 57 51 43 15

Château Léoville-Barton
33250 Saint-Julien-Beychevelle
Tél 05 56 59 06 05
Fax 05 56 59 14 29

Château Léoville Las Cases
Route de Pauillac
33250 Saint-Julien-Beychevelle
Tél 05 56 73 25 26
Fax 05 56 59 18 33

Château Léoville Poyferré
33250 Saint-Julien
Tél 05 56 59 08 30
Fax 05 56 59 60 09

Château Les Charmes-Godard
GFA Les Charmes-Godard
33570 Saint-Cibard
Tél O5 57 40 63 76
Fax 05 57 40 66 08

Château Les Grands Chênes
Mme Jacqueline Gauzy
33340 Saint-Christoly-de-Médoc
Tél 05 56 41 53 12
Fax 05 56 41 35 69

Château Les Jonqueyres
33390 Saint-Paul-de-Blaye
Tél 05 57 42 34 88
Fax 05 57 42 93 80

Château Les Justices
3210 Preignac
Tél 05 56 76 28 44
Fax 05 56 76 28 43
e.mail christian.medeville@wanadoo.fr

Les Ormes de Pez
33180 Saint-estèphe
Tél 05 56 59 39 88

Château Les Ormes Sorbet
Jean Boivert
Château Les Ormes Sorbet
33340 Couquères
Tél 05 56 41 53 78
Fax 05 56 41 38 42

Château Lesparre
33750 Beychac et Caillau
Tél 05 57 24 51 23
Fax 05 57 24 03 99
e.mail gonet@imaginet.fr

Château Lestage Simon
33180 Saint-Seurin-de-Cadourne
Tél 05 56 59 31 83
Fax 05 56 59 70 56

Château Lestrille
Jean-Louis Roumage Lestrille
33750 Saint-Germain-du-Puch
Tél 05 57 24 51 02
Fax 05 57 24 04 58

Château Les Trois Croix
Famille Patrick Léon
33126 Fronsac
Tél 05 57 84 32 09
Fax 05 57 84 34 03

Château Les Vieux Maurins
Michel et Jocelyne Goudal
33330 Saint-Sulpice-de-Faleyrens
Tél 05 57 24 62 96
Fax 05 57 24 65 03

Château L'Évangile
33500 Pomerol
Tél 05 57 55 45 55
Fax 05 57 55 45 56

Château L'Hermitage
33540 Saint-Martin-du-Puy
Tél 05 56 71 57 58
Fax 05 56 71 65 00

Domaine de L'Île Margaux
33460 Margaux
Tél 05 57 88 35 19
Fax 05 57 88 35 87

Château Lilian Ladouys
33180 Saint-Estèphe
Tél 05 56 59 71 96
Fax 05 56 59 35 97
e-mail www.chateau-lilian-ladouys.com

Château Loudenne
33340 Saint-Yzans-de-Médoc
Tél 05 56 73 17 80
Fax 05 56 09 02 87

Château Lousteau-Vieil
Rémy Sessacq
Château Lousteau-Vieil
Sainte-Croix-du-Mont
33410 Cadillac
Tél 05 56 63 39 27
Fax 05 56 63 11 82

Château Lynch-Bages
33250 Pauillac
Tél 05 56 73 24 00
Fax 05 56 59 26 42

Château Magence
33210 Saint-Pierre-de-Mons
Tél 05 56 63 07 05
Fax 05 56 63 41 42
e.mail
magence@magence.com

Château des Mailles
33410 Sainte-Croix-du-Mont
Tél 05 56 62 01 20
Fax 05 56 76 71 99

Château Maison Blanche
SCEA Despagne-Rapin
33570 Montagne
Tél 05 57 74 62 18
fax 05 57 74 58 98

Château Malagar
Ets Cordier
53, rue du Dehez
33290 Blanquefort
Tél 05 56 95 53 00
Fax 05 56 95 53 01

Château Malartic-Lagravières
67, avenue de Mont-de-Marsan
33850 Léognan
Tél 05 56 64 75 08
Fax 05 56 64 99 66

Château Manos
Fabrice Néel
Château Lamothe
33550 Haux
Tél 05 57 34 53 00
Fax 05 56 23 24 49

Château Margaux
SC du Château Margaux
33460 Margaux
Tél 05 57 88 83 83
fax 05 57 88 83 32

Château Maucaillou
33480 Moulis-en-Médoc
Tél 05 56 58 01 23

Château Mayne-Blanc
Jean Boncheau
Château Mayne-Blanc
33570 Lusssac
Tél 05 57 74 60 56
Fax 05 57 74 51 77

Château Mayne Lalande
Le Mayne-de-Lalande
33480 Listrac-Médoc
Tél 05 56 58 27 63
Fax 05 56 58 22 41

Château Mazeyres
56, avenue Georges Pompidou
33500 Libourne
Tél 05 57 51 00 48
Fax 05 57 25 22 56

Château Mémoires
SCEA Vignobles Ménard
Château Mémoires
33490 Saint-Maixent
Tél 05 56 62 06 43
Fax 05 56 62 04 32

Château Meyney
Domaines Cordier
53, rue du Dehez
33290 Blanquefort
Tél 05 56 95 53 00
Fax 05 56 95 53 01

Château Monbousquet
SA Château Monbousquet
42, avenue Saint-Émilion
33330 Saint-Sulpice-de-Faleyrens
Tél 05 57 24 67 19
Fax 05 57 74 41 29

Château Monbrison
33460 Arsac
Tél 05 56 58 80 04
Fax 05 56 58 85 33

Château Montjouan
33270 Bouliac
Tél 05 56 20 52 18
Fax 05 56 20 90 31

Château Montlau
33420 Moulon
Tél 05 57 84 50 71
Fax 05 57 84 64 65

Château Montrose
33180 Saint-Estèphe
Tél 05 56 59 30 12

Château Moulin de Launay
SCEA Claude et Bernard Greffier
Château Moulin de Launay
33790 Soussac
Tél 05 56 61 31 51
Fax 05 56 61 40 22

Château Moulin des Graves
Jean Bost
33710 Teuillac
Tél 05 57 64 30 58
Fax 05 57 64 20 59

Château Moulin Noir
SC Château du Moulin Noir,
Lescalle
33460 Macau
Tél 05 57 88 07 64
Fax 05 57 88 07 00

Château Moulin Pey-Labrie
33126 Fronsac
Tél 05 57 51 14 37
Fax 05 57 51 53 45

Château Mouton Rothschild
33250 Pauillac
Tél 05 56 59 22 22
Fax 05 56 73 20 44

Château Myrat
33720 Barsac
Tél 05 56 27 15 06
Fax 05 56 27 11 75

Château Nairac
33720 Barsac
Tél 05 56 27 16 16
Fax 05 56 27 26 50

Château Noaillac
33590 Jau-Dignac-et-Loirac
Tél 05 56 09 52 20
Fax 05 56 09 58 75

Domaine du Noble
33410 Loupiac
Tél 05 56 62 98 30
Fax 05 56 76 91 31

Château Nodoz
33710 Bourg
Tél 05 57 68 41 03
Fax 05 57 68 37 34

Château Palmer
33460 Margaux
Tél 05 57 88 72 72
Fax 05 57 88 37 16

Château Pape Clément
33600 Pessac
Tél 05 57 26 38 38
Fax 05 57 26 38 39
e.mail chateau@pape-clement.com
adresse internet www.pape-clement.com

Château Pavie
33330 Saint-Émilion
Tél 05 57 55 43 43
Fax 05 57 24 63 99

Château Penin
33420 Génissac
Tél 05 57 24 46 98

Château Pérenne
33390 Saint-Genès-de-Blaye
Tél 05 57 42 18 25
Fax 05 57 42 15 86

Château Petit Village
Jean-Michel Cazes
Château Petit Village
33500 Pomerol
Tél 05 57 51 21 08
Fax 05 57 51 87 31

Pétrus
SA du Château Pétrus
33500 Pomerol

Château Peybonhomme-les Tours
33390 Cars
Tél 05 57 42 11 95
Fax 05 57 42 38 15

Château Peyreblanque
Château Fayau
33410 Cadillac-sur-Garonne
Tél 05 57 98 08 08
Fax 05 56 62 18 22

Château Peyrot-Marges
Vignobles Chassagnol
Bern, 33410 Gabarnac
Tél 05 56 62 98 00
Fax 05 56 62 93 23

Château de Pez
33180 Saint-Estèphe
Tél 05 56 59 30 26
Fax 05 56 59 39 25

Château Phélan Ségur
33180 Saint-Estèphe
Tél 05 56 59 74 00
Fax 05 56 59 74 10
e.mail
Phelan.Segur@wanadoo.fr

Château Pichon Bellevue
33870 Vayres
Tél 05 57 74 84 08
Fax 05 51 84 95 04

Château Pichon-Longueville
BP 46
33250 Pauillac
Tél 05 56 73 24 09
Fax 05 56 53 25 42

Château Pichon Longueville Comtesse de Lalande
SCI Pichon Longueville
Comtesse de Lalande
Saint-Lambert
33250 Pauillac
Tél 05 56 59 19 40
Fax 05 56 59 29 78

Château Plaisance
33550 Capian
Tél 05 56 72 13 40
Fax 05 56 72 15 06

Château Poujeaux
Jean Theil SA
33480 Moulis en Médoc
Tél 05 56 58 02 96
Fax 05 56 58 01 25

Château Puygueraud
Lauriol
33570 Saint-Cibard
Tél 05 57 56 07 47
Fax 05 57 56 07 48
e.mail
ch.puygueraud@wanadoo.fr

Château Puyanché
EARL Arbo
Lieu-dit Godard
Francs 33570 Lussac
Tél/fax 05 57 40 65 77

Château Rahoul
4, route Gourneau
33640 Portets
Tél 05 56 67 55 06
Fax 05 56 67 01 12

Château Ramafort
SNC Domaines CGR
33340 Blaignan
Tél 05 56 73 31 51
Fax 05 56 73 31 52

Château Rauzan-Segla
33460 Margaux
Tél 05 57 88 82 10
Fax 05 57 88 34 54

Château Raymond-Lafon
SARL Château Raymond-Lafon
Famille Meslier
33210 Sauternes
Tél 05 56 63 21 02
Fax 05 56 63 19 58

Château de Reignac
Le Truch
33450 Saint-Loubès
Tél 05 56 20 41 05
Fax 05 56 68 63 31

Château Respide-Médeville
33210 Preignac
Tél 05 56 76 28 44
Fax 05 56 76 28 43
e.mail
christian.medeville@wanadoo.fr

Château Reynon
EARL D. & F. Dubourdieu
Beguey
33410 Cadillac
Tél 05 56 62 96 51
Fax 05 56 62 14 89

Château de Ricaud
33410 Loupiac
Tél 05 56 62 66 16
Fax 05 56 76 93 30

Château Rieussec
Rieussec
33210 Fargues
Tél 05 57 98 14 14
Fax 05 57 98 14 10

Château Rigaud
Josette Taïx
Rigaud
33570 Puisseguin
Tél 05 57 74 63 35
Fax 05 57 74 50 97

Château Roc de Calon
33570 Montagne-Saint-Émilion
Tél 05 57 74 63 99
Fax 05 57 74 51 47

Château Roc de Canon
Château Laguë
33126 Fronsac
Tél 05 57 51 24 68
Fax 05 57 25 98 67

Château Rollan de By
33340 Bégadan
Tél 05 56 41 58 59
Fax 05 56 41 37 82
e.mail infos@rollandeby.com

Château Rondillon
33410 Loupiac
Tél 05 56 62 63 73

Château Saint-André Corbin
SCEA du Priourat
10, quai du Priourat
33500 Libourne
Tél 05 57 55 00 50
Fax 05 57 25 22 56

Château Sainte-Marie
SCEA Les Hauts de Sainte-Marie
BP 30
33670 Créon
Tél 05 56 23 00 71
Fax 05 56 23 34 61
e.mail
Ch.Ste.Marie@wanadoo.fr

Château de Saint-Philippe
EARL Vignobles Bécheau
Château de Saint-Philippe
33350 Saint-Philippe-d'Aiguille
Tél 05 57 40 60 21
Fax 05 57 40 62 28

Château Saint-Pierre
Domaines Martin
Château Saint-Pierre
33250 Saint-Julien-Beychevelle
Tél 05 56 59 08 18
Fax 05 56 59 16 18

Château de Seguin
33360 Lignan-de-Bordeaux
Tél 05 57 97 19 81
Fax 05 57 97 19 82

Château Sigalas Rabaud
Bommes-Sauternes
33210 Langon
Tél 05 56 95 53 00
Fax 05 56 95 53 01

Château Siran
33460 Labarde
Tél 05 57 88 34 04
Fax 05 57 88 70 05

Château Smith Haut Lafitte
33650 Martillac
Tél 05 57 83 11 22
Fax 05 57 83 11 21
e.mail smith-haut-
lafitte@smith-haut-lafitte.com

Château Sociando-Mallet
33180 Saint-Seurin-de-
Cadourne
Tél 05 56 73 38 80
Fax 05 56 73 38 88

Château Soudars
SA Vignobles E.F. Miaille
33180 Saint-Seurin-de-
Cadourne
Tél 05 56 59 31 02
Fax 05 56 59 72 39

Château de Sours
33750 Saint-Quentin-de-Baron
Tél 05 57 24 10 81
Fax 05 57 24 10 83

Château Suau
33550 Capian
Tél 05 56 72 19 06
Fax 05 56 72 12 43
e.mail
www.chateausuau.com

Château Suduiraut
Suduiraut
33210 Preignac
Tél 05 56 63 27 29
Fax 05 56 63 07 00

Château Talbot
33250 Saint-Julien-Beychevelle
Tél 05 56 73 21 50
Fax 05 56 73 21 51

Château Tanesse
5, route de Capian
33550 Langoiran
Tél 05 56 67 00 51
Fax 05 56 67 58 81

Château Tertre Rotebœuf
33330 Saint-Laurent-des-
Combes
Fax 05 57 74 42 11

Château des Thibeaud
Domaine Le Canton
33220 Caplong
Tél 05 57 41 25 65
Fax 05 57 41 27 84

Château Thieuley
Société des Vignobles Francis
Courselle
Château Thieuley
33670 La Sauve
Tél 05 56 23 00 01
Fax 05 56 23 00 01

Château Timberlay
33240 Saint-André-de-Cubzac
Tél 05 57 43 38 22

Château Tour de Mirambeau
SCEA des Vignobles Despagne
33420 Naujan-et-Postiac
Tél 05 57 84 55 08
Fax 05 57 84 57 31

Château Tour des Graves
GAEC Arnaud Frises
Le Poteau
33710 Teuillac
Tél 05 57 64 32 02
Fax 05 57 64 23 94

Château Trocard
33570 Les Artigues-de-Lussac
Tél 05 57 55 57 90
Fax 05 57 55 57 98

Château Troplong Mondot
33330 Saint-Émilion
Tél 05 57 55 32 05
Fax 05 57 55 32 07

Château Trotanoy
Ets Jean-Pierre Moueix
54, quai du Priourat
33500 Libourne

Château Troquart
Troquart
33570 Montagne
Tél 05 57 74 62 45
Fax 05 57 74 56 20

Château Turcaud
33670 La Sauve
Tél 05 56 23 04 41
Fax 05 56 23 35 85

Château de Vacques
33220 Pineuilh
Tél 05 57 46 15 01
Fax 05 57 46 16 12

Château de Viaud
33500 Lalande-de-pomerol
Tél 05 57 51 17 86
Fax 05 57 51 79 77

Vieux Château Certan
33500 Pomerol
Tél 05 57 51 17 33
Fax 05 57 25 35 08

Villa Bel-Air
Châteaux & Associés
BP 46
33250 Pauillac
Tél 05 56 73 24 20
Fax 05 56 59 26 42

Château d'Yquem
33210 Sauternes
Tél 05 57 98 07 07
Fax 05 57 98 07 08

Index des châteaux

Recettes
et mariages heureux

Recettes

Mariages heureux

Recettes

ET MARIAGES HEUREUX

Recettes

Mariages heureux

Remerciements

Je tiens à remercier tous ceux qui ont contribué à me faire découvrir les vins du Bordelais : bien sûr, en premier lieu, les producteurs, mais aussi les œnologues, les négociants et les instances professionnelles – le Conseil interprofessionnel du vin de Bordeaux, l'Union des grands crus, les syndicats d'appellations – et les confréries bacchiques.
Je remercie également les sommeliers du Bistrot du Sommelier pour leur implication et Laurent Sturbois, mon chef de cuisine, pour sa disponibilité et la réalisation de la plupart des recettes.
J'exprime ma reconnaissance à Jacques Boulay et à ceux qui l'ont accueilli, aidé ou lui ont prêté des objets pour illustrer ce livre, spécialement : Vanessa Humphries, Florence et Daniel Guerlain, Luc Perrin, Alain Dutournier du Carré des Feuillants, Jean Brassalert du restaurant Thoumieux, Constance Maupin, antiquaire, et M. et Mme Grandet.
Je remercie particulièrement Anne Vantal et Blandine Houdart pour leur efficace collaboration.
Merci à Nadine, Célia et Mathias pour leurs encouragements et leur compréhension.

Du même auteur :
La Cave idéale, Éditions E.P.A, 1998
Le Livre de cave, Éditions E.P.A, 1998
Les Grands Vins du siècle, Éditions E.P.A, 1999

Direction d'ouvrage : Blandine Houdart
Création graphique : Marc Walter - Chine
Réalisation : Florence Cailly - Chine
Photogravure : Planète Graphique

Achevé d'imprimer par Mame à Tours
Dépôt légal : 3843, octobre 2000
ISBN : 2.85.120559.5
65.0819.6/01